ACCÈS Éditions

écrit lettres

du graphisme vers la lettre
de 4 à 6 ans

Marie-Laure de Blois
institutrice maître-formatrice
professeur de danse Chantraine

Caro
illustratrice

sommaire

ACCÈS Éditions tient à remercier tout particulièrement :

- Bernadette et René MILLOUR, Céleste DE LESTANVILLE pour leurs multiples relectures et corrections du texte,
- Tania GRIMALDI et Martine FLORENT pour leurs conseils éclairés,
- Christine DUCHER, Agnès BERTHEAU, Laure CHÂTENET, Aude VERON, Florence MOINAULT, Emmanuelle DE COATPONT et Isabelle LADOUX pour les expérimentations de la méthode dans leurs classes.

1. Naissance d'« *écrit lettres* »

Institutrice, professeur de danse formée par Alain et Françoise Chantraine, j'ai toujours été passionnée par le perfectionnement du geste, expression pure de la personne. Car si la personnalité et la maturité de la personne peuvent s'exprimer et se révéler dans la qualité de son geste, le raffinement de son geste participe, réciproquement, à son développement physique, psychique et intellectuel.

L'écriture est danse : avec l'écriture comme par la danse, nous vivons une symbiose entre acte physique, sensibilité profonde et langage. Pour l'enfant comme pour l'adulte, l'écriture devrait être un plaisir unique : celui d'aligner, d'enchaîner ou entrelacer ces caractères, ces arabesques et ces sinueuses qui défilent harmonieusement devant leurs yeux comme une chorégraphie.

Comme la danse, l'écriture nécessite un élan, un rythme, une participation totale du corps à l'acte de penser.

Ma première expérience déterminante fut, en 1985, la rencontre avec un petit garçon de six ans en CP. Il venait d'une classe maternelle où il avait été catalogué « enfant retardé » parce qu'il coordonnait difficilement ses gestes et ne savait pas dessiner. Pour lui, j'ai créé des exercices très simples où les graphismes de base de notre écriture étaient dessinés en pointillés. En repassant sur les lignes, l'enfant voyait naître sous ses yeux un dessin figuratif. Ces exercices attirèrent tous les enfants de ma classe et je dus en créer d'autres, élaborant peu à peu une progression pédagogique tout en multipliant les recherches dans ce domaine. L'enfant dit « retardé » devint un des meilleurs élèves de la classe et son écriture était bien formée en fin d'année. Le plus important pour moi était sa complète métamorphose. L'enfant nerveux et replié sur lui-même était devenu calme, gai et confiant. Quand il lisait ce qu'il avait écrit, son sourire en disait long sur son évolution.

Il aimait écrire… Il aimait ce qu'il avait écrit… Il aimait ce qu'il était au travers de son écrit.

Au cours de mes recherches, j'ai découvert un livre écrit par un auteur américain, proposant une méthode de rééducation de l'écriture pour les adultes. L'auteur y démontrait au travers d'une étude scientifique (chronométrage des mots et des phrases écrits, mesure de l'effort du scripteur, meilleure adéquation entre la pensée et l'écrit…) qu'en liant toutes les lettres (pas de lever du crayon dans l'écriture d'un mot), l'écriture devient beaucoup plus rapide donc plus efficace et moins fatigante. Ce livre a orienté toute ma réflexion : ce qui devient efficace en rééducation des adultes peut l'être encore davantage en éducation de l'enfant. Je fis faire toutes sortes de tests à mon entourage puis adoptai l'écriture cursive liée pour tous mes exercices d'apprentissage.

2. L'écriture d'abord

Aujourd'hui on constate une multiplication des expériences d'apprentissage de la lecture dès la maternelle.
L'écriture est mise au deuxième plan et c'est une erreur fondamentale dont nous subissons les conséquences : difficulté à écrire et à prendre des notes, dégoût pour l'écrit en général, difficultés dans l'apprentissage de la lecture, difficultés en orthographe, échecs dans les contrôles écrits et les examens.

Pour aimer lire, il faut d'abord aimer écrire.

Pour savoir décoder, il faut savoir coder… Le regard sur le signe écrit n'est pas le même si le cerveau l'a mis en mémoire lors d'une expérience physique antérieure. Quel musicien peut déchiffrer son morceau s'il ne connaît la valeur de chaque note ? Quel professeur de chinois n'apprend pas d'abord à ses élèves à dessiner les signes tout en explicitant leur sens ?

L'apprentissage de l'écriture doit précéder celui de la lecture et, plus cet apprentissage aura été progressif et adapté, plus les enfants liront facilement.

Indépendamment de l'intérêt pour l'apprentissage futur de la lecture, l'écriture est essentielle pour le développement moteur et intellectuel de l'enfant ; de nombreux savants s'accordent à reconnaître qu'il y a une **interaction entre le développement de la main et celui de l'intelligence.** Jean Delprat parle même d'une *« émulation-enrichissement réciproque »*. Catherine et Guy Vermeil soulignent dans leur livre « Le lièvre et la tortue » : *« Le développement intellectuel dépend en grande partie de l'aptitude à se mouvoir, à saisir, à manipuler. »*

La qualité du graphisme ou de l'écriture peut être pour nous le témoin du développement de l'enfant et nous devons réaliser que l'enfant qui refuse d'écrire n'aime pas la trace qu'il imprime et d'une certaine façon ne s'aime pas lui-même.

3. Le désir d'écrire

À un an, l'enfant proteste avec véhémence quand on ne comprend pas ses besoins : il a en lui un immense **désir** de formulation mais il n'a pas encore tous les **moyens** de réaliser ce désir. L'enfant de deux ans et demi écrit « maman » ou tout autre message affectif en simulant l'écriture par une ligne interminable rythmée d'arabesques : il a en lui un immense **désir** d'imprimer sa pensée et d'être lu mais il n'a pas encore tous les **moyens** de réaliser ce désir.

Cette période qui sépare chez l'enfant la naissance du désir d'écrire et l'acquisition des moyens est souvent trop longue ou ignorée parce que son importance est sous-estimée : **il s'agit d'une période d'intégration fondamentale pour le développement de l'enfant.** À nous de sentir cette période du « désir » que Maria Montessori appelait « période sensible » et qui s'inscrit incontournablement dans le développement de l'enfant, plus ou moins tôt et avec plus ou moins d'intensité en fonction des stimulations de son environnement.

C'est entre quatre et cinq ans que l'enfant a en lui le potentiel d'énergie physique et psychique maximum nécessaire à l'acquisition du geste graphique. Il a un besoin vital de cette activité et éprouve un immense plaisir devant la beauté de sa réalisation.
C'est donc avant (entre deux et quatre ans) et pendant cette période que devront se multiplier les activités préparatoires indirectes et directes.

4. L'ÉLAN GRAPHIQUE

Dans cette période d'exploration, puis d'apprentissage graphique, il est essentiel de laisser aux enfants des temps de créativité. Nous alternerons des séances où les enfants seront libres de choisir leurs matériaux et le thème de leur réalisation, et des séances où les enfants auront à créer à partir d'une situation, d'un thème, d'une technique, d'un matériau ou d'une consigne qu'ils exploiteront à leur guise. Cette consigne sera toujours proposée dans un esprit de jeu. Les enfants aiment naturellement les consignes de jeu qui donnent l'impulsion à leur élan créatif.
Tout acte d'écriture naît d'un élan, d'une impulsion motrice et spirituelle. C'est pourquoi l'adulte doit créer un climat et un espace favorisant cet élan ; le premier acte sera alors spontané, libre et suffisamment rapide pour être libérateur.

Avant que l'enfant apprenne à contrôler, à maîtriser, à restreindre son geste dans un espace délimité, il doit apprendre à le libérer. Pour aimer la précision, la régularité du graphisme, il devra avoir auparavant projeté sans retenue des lignes dans un très grand espace. Les supports de grands formats sont propices aux mouvements amples, canalisent et libèrent toute l'énergie de l'enfant, donnent toute sa mesure à son élan en lui procurant la sensation de se projeter lui-même dans cet espace.

Nous distinguerons :

les graphismes de niveau moteur (le mouvement prime sur le résultat ; le résultat est la trace du mouvement)

balayage

tracé circulaire

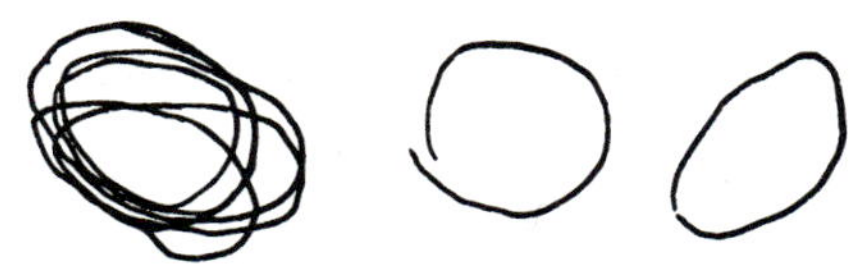

cycloïde

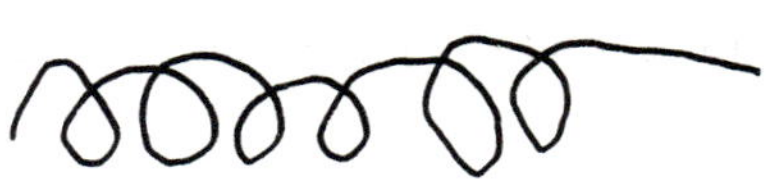

épicycloïde

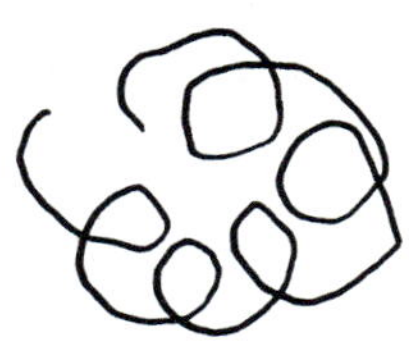

hypocycloïde

projection (graphisme libre)

gerbe (graphisme dirigé)

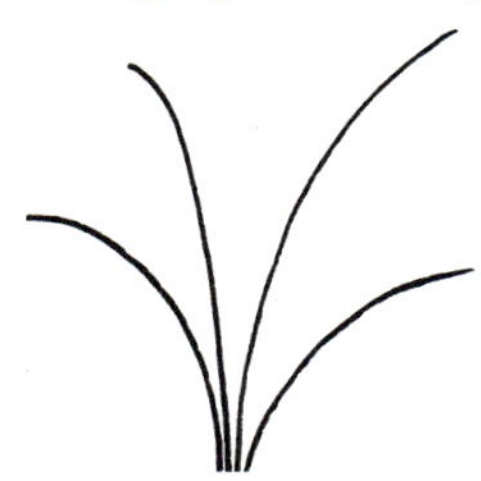

les graphismes de niveau perceptif (le mouvement est conditionné par le résultat lui-même contrôlé par l'œil)

arabesque (l'œil contrôle chaque volute)

cercle

carré

spirale

croix

ellipse

Le mouvement global

L'enfant exécute son geste en mettant tout le bras en action ; le geste graphique s'articule autour de l'épaule. Tout le corps participe à la naissance du graphisme : l'enfant se dresse sur demi-pointes, s'étire à la limite du déséquilibre, se contorsionne, se plie en deux. Le plaisir de bouger prime ; le graphisme n'est qu'un prétexte au mouvement.

Le mouvement périphérique

L'œil permet à l'enfant un contrôle de l'espace où s'inscrit son graphisme ; en développant ce contrôle musculaire, l'enfant développe sa maîtrise et sa mémoire kinesthésique du geste graphique. L'élan moteur va peu à peu descendre vers la main en même temps que l'enfant réalise qu'il peut contrôler et reproduire la trace que laisse son geste et que son œil apprécie et photographie. D'amoureux du geste, l'enfant devient amoureux de la trace de son geste. L'œil contrôle la perfection de la trace et amène l'enfant à raffiner son geste progressivement. La main et chacun des doigts entrent en jeu dans un mouvement de plus en plus subtil, parfois même imperceptible.

Nous retiendrons :

le sens positif (sens inverse des aiguilles d'une montre dans le tracé des cercles, des boucles, des cycloïdes, des spirales)

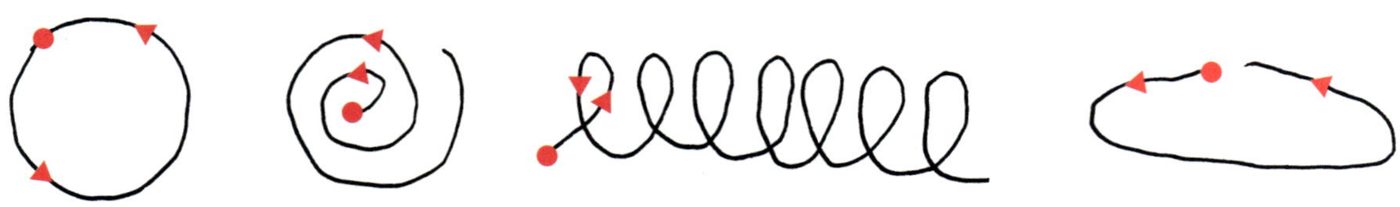

le sens négatif (sens des aiguilles d'une montre dans le tracé des cercles, des boucles, des cycloïdes, des spirales)

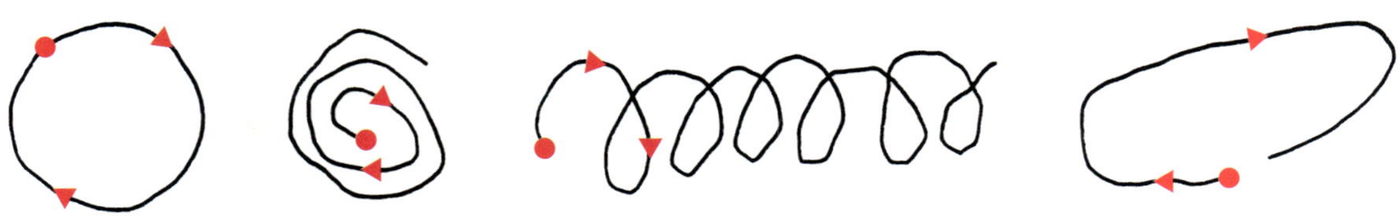

le sens dextrogyre
(sens de déplacement du tracé de gauche à droite ; c'est aussi le sens conventionnel de notre écriture)

le sens sénestrogyre
(sens de déplacement du tracé de droite à gauche)

L'élan naturel dominant du droitier est généralement d'utiliser le sens dextrogyre car l'instrument scripteur « tiré » et non « poussé » glisse plus facilement. Pour la même raison, l'élan naturel dominant du gaucher est généralement d'utiliser le sens sénestrogyre.

l'élan oblique

Le droitier tracera plus facilement des lignes obliques, du bas à gauche vers le haut à droite, et le gaucher tracera plus facilement des lignes obliques, du bas à droite vers le haut à gauche.

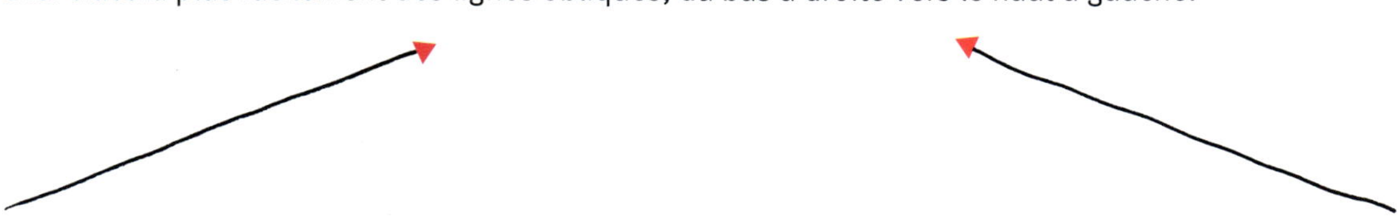

la synthèse avec des cycloïdes

les mouvements dextrogyres — **sens négatif** / **sens positif**

les mouvements sénestrogyres — **sens positif** / **sens négatif**

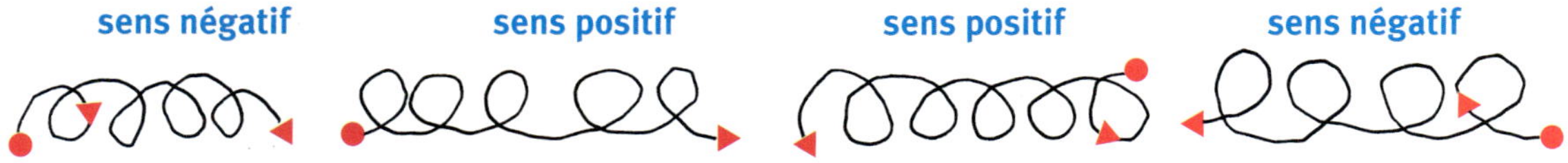

5. Le corps prêt à écrire

L'écriture est avant tout technique de mouvement soumise à deux facteurs : le temps et l'espace. L'intégration de ces deux facteurs passe par le corps tout entier. Ce que le corps sera capable de réaliser dans le temps et dans l'espace qui l'entoure, la main pourra l'exécuter plus facilement dans un temps plus court et dans un espace délimité. L'instrument scripteur est à l'écriture ce que l'accessoire est à la danse, c'est-à-dire prolongement du corps.

Corps détendu

L'éducateur ne doit pas oublier que la libération et la dextérité de la main ne sont possibles que si tout le corps est détendu.

« Quand l'enfant s'applique à écrire, nous observons qu'au lieu de limiter son effort à la tenue du crayon, au mouvement des doigts et de la main, il contracte inutilement son bras et son épaule. L'enfant grimace, tire la langue, et l'on pourrait même constater qu'il crispe ses orteils. L'aptitude à bien placer l'effort, en le localisant strictement aux groupes de muscles essentiels, est chose particulièrement rare. »

Maurice Martenot.
Se relaxer, pourquoi, comment ?

Corps situé

Une écriture fluide entre six et sept ans n'est possible que si l'enfant est bien latéralisé et a intégré son schéma corporel. C'est pourquoi, avant et parallèlement à l'apprentissage des graphismes entre quatre et six ans, l'éducateur multipliera les exercices de latéralisation (spontanée, puis consciente et verbalisée), de localisation des parties du corps, de coordination, de dissociation, d'isolation gestuelle, de maîtrise du mouvement (élan et inhibition du mouvement, tension et lâcher), de déplacement, de positionnement et d'orientation dans l'espace.

Corps projeté

Toute activité préparatoire liée à l'espace devra être vécue debout (en verticalité) et couché (en horizontalité) afin d'intégrer les concepts spatiaux par rapport au corps et non par rapport à des repères extérieurs fixes.

Dans son positionnement et son déplacement dans l'espace de la feuille, l'écriture obéit à des règles d'ordre spatial purement conventionnelles. Cet ordre spatial conventionnel ou **« sens graphique »** de « haut en bas » et de « gauche à droite » a très probablement répondu à sa naissance à une nécessité physique et matérielle. Nous devons malgré tout réaliser que ce « sens graphique » ne sera pas forcément adopté avec la même aisance par tous les enfants, que certains et surtout les gauchers mettront plus de temps à acquérir cet automatisme. Nous essaierons de les sensibiliser à cet ordre spatial bien avant la période d'apprentissage de l'écriture en les entraînant à disposer et à prendre des objets alignés, à écrire et à dessiner des signes alignés de « haut en bas » et de « gauche à droite ».

La deuxième difficulté liée à l'espace dans l'apprentissage de l'écriture est l'utilisation du plan horizontal. Le schéma corporel de l'enfant s'élabore en effet par rapport à l'axe vertébral et donc par rapport à sa verticalité. Lorsque nous disons écrire « en haut de notre feuille », nous opérons inconsciemment une projection du plan vertical au plan horizontal. Lorsque nous dessinons le *l* en orientant la boucle « vers le haut » ou lorsque nous dessinons le *g* en orientant la boucle « vers le bas », nous opérons toujours inconsciemment cette projection du plan vertical au plan horizontal ; « vers le bas » est en réalité « vers soi » ; « vers le haut » est en réalité « en s'éloignant de soi ».

Corps bien placé pour écrire

L'enfant est assis sur une chaise adaptée à sa taille : ses pieds doivent pouvoir reposer à plat sur le sol, les genoux légèrement en dessous du niveau des hanches. Il s'assied en arrière de la chaise (et non juste au bord) de manière à ce que son dos soit bien droit et légèrement incliné en avant. Ainsi le minimum de poids repose sur les avant-bras ; le bras, le coude et l'avant-bras sont libérés pour donner un maximum de fluidité à l'écriture.

Si l'enfant est recourbé sur sa table, son centre de gravité est trop en avant, tout le poids du buste repose sur les avant-bras ; le stylo accroche la feuille, rendant l'écriture difficile. Cependant, nous accepterons et encouragerons si nécessaire un point d'appui renforcé sur le bras qui n'écrit pas pour libérer l'autre bras, en veillant à ce que cela n'entraîne pas de déviation de la colonne vertébrale. Les coudes sont légèrement écartés du corps de manière à ce qu'il n'y ait aucune crispation au niveau des épaules et que l'avant-bras ait le maximum d'amplitude pour se mouvoir librement. C'est par ce jeu du contrôle des appuis que l'enfant va développer son tonus dorsal. Réciproquement, l'enfant qui possède un bon tonus dorsal maîtrise mieux et plus aisément ses appuis.

La position assise pour écrire sur un plan horizontal

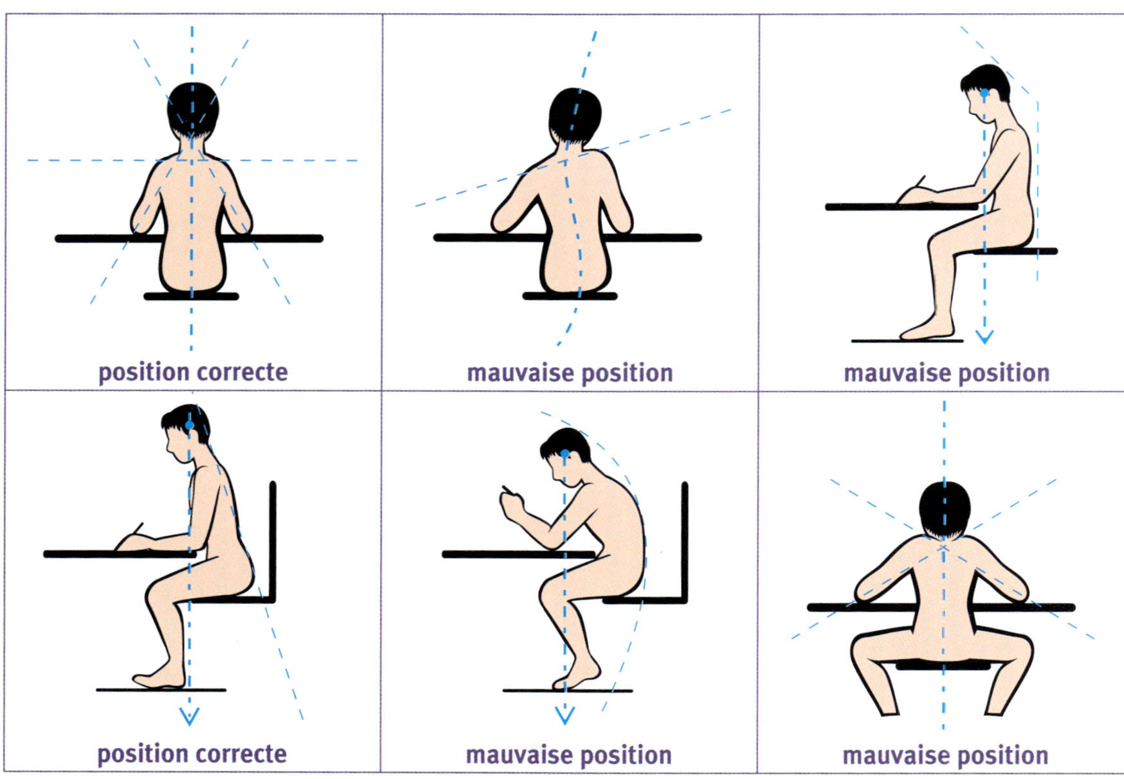

L'éclairage est un facteur très important dans les activités d'écriture des enfants : l'enfant dont la page n'est pas éclairée aura toujours tendance à se rapprocher de sa feuille et donc à se pencher trop en avant. La taille du mobilier est également essentielle. Les chaises doivent permettre à tous les enfants de poser les pieds par terre. Nous aurons donc dans la classe des chaises et des tables de tailles différentes adaptées aux tailles différentes des enfants. La place des enfants les uns par rapport aux autres doit être pensée par l'éducateur : un gaucher à côté d'un autre gaucher, un droitier à côté d'un autre droitier, un gaucher à gauche d'un droitier. Tous les enfants doivent être face au tableau si le modèle à reproduire est au tableau.

6. La main prête à écrire

L'écriture d'une suite de modèles à reproduire implique la maîtrise de quatre techniques :

- la tenue de l'instrument scripteur,
- le mouvement des doigts et l'impulsion donnée au poignet pour suivre le tracé du graphisme,
- le mouvement de l'avant-bras sur la table pour enchaîner les graphismes sur un plan horizontal,
- la mémorisation globale du graphisme à reproduire et la mémorisation du sens de son tracé.

Ces quatre techniques peuvent être travaillées séparément dans le cadre de nombreuses activités variées. Cependant la précision et la justesse du mouvement de la main doivent rester nos principaux motifs de vigilance.

La reproduction d'un modèle donné ne peut être demandée à un enfant sans que ce dernier ne possède un enseignement essentiel : celui du chemin à suivre. C'est la raison pour laquelle tous les exercices présents dans cet ouvrage proposent des modèles avec trajets indiqués.

La tenue de l'instrument scripteur

L'instrument se tient entre le pouce et l'index en légère flexion (allongés détendus) et repose sur le majeur. Le geste graphique est obtenu par le mouvement combiné de ces trois doigts (pince tripode), la main restant solidaire de l'avant-bras.

La qualité du geste graphique dépend de la maîtrise du tonus de la main, du juste dosage dans la fermeté de la prise (mais sans crispation) et dans la légèreté des appuis (dosage du poids), de l'isolation de l'effort dans la pince tripode, l'avant-bras et le bras.

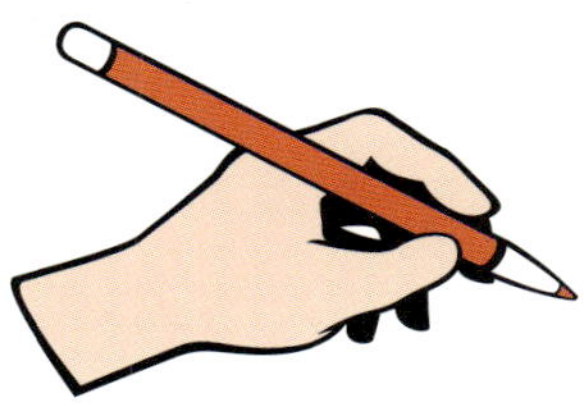

gaucher

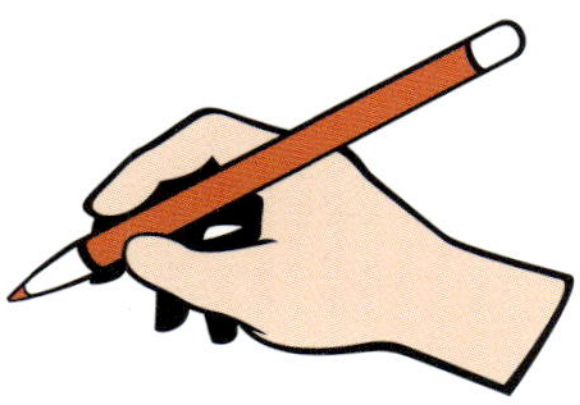

droitier

L'avant-bras et la main, en appui sur leur tranche externe, glissent de gauche à droite sur le plan horizontal de la table.

Dès les plus petites classes, lorsque l'enfant peint ou dessine, il faut veiller à la tenue du crayon de couleur, du feutre ou du pinceau.

L'enfant de CP ou de CE 1 tiendra son stylo à encre ou à bille comme il tenait son crayon en maternelle et à la maison. Par conséquent, si l'enfant arrive dans notre classe avec une mauvaise tenue de son crayon et s'il n'a pas une parfaite aisance dans les activités d'écriture, il est essentiel de procéder à une rééducation de la main en essayant de la rendre motivante et attrayante avant de commencer un nouvel apprentissage graphique. Plus nous retarderons cet apprentissage ou cette rééducation et plus l'enfant aura de réelles difficultés. Un certain degré de difficulté atteint, on pourra même parler de handicap grapho-moteur.

Comment me servir de mon crayon

- Je tiens mon crayon entre le pouce et l'index.
- Je pose mon crayon sur le majeur.
- Je tiens mon crayon près de la pointe.
- Je ne serre pas trop fort mon crayon.
- Je pose mon autre main sur la feuille.
- Je déplace de gauche à droite sur la feuille la main qui écrit.

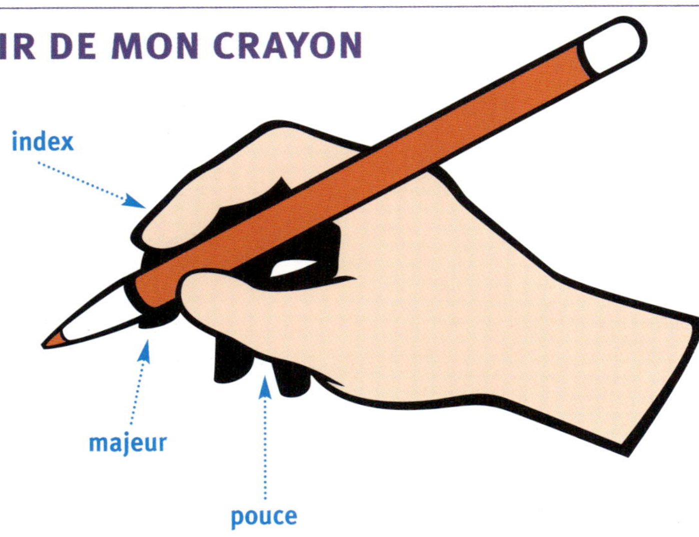

La pince tripode

Les trois doigts de la pince tripode ont un mouvement de flexion-extension de faible amplitude ; pour suivre le tracé du graphisme ou ductus, ils alternent des impulsions, des changements de direction et des inhibitions (arrêts du tracé).

Les autres doigts et notamment l'auriculaire ont aussi un très léger mouvement de flexion-extension pour permettre à la main de glisser sur le support.

La qualité du geste graphique dépend de l'agilité de ces doigts.

Les défauts de positionnement de la main

Pronation de la main. La main est basculée vers la table, l'appui est sur le pouce et non sur la tranche externe de la main.

> **Conséquence :** la main cache le tracé en cours ; l'instrument scripteur est presque vertical.

Poignet cassé redressé. Le poignet n'est pas en appui sur le support (défaut d'adaptation fréquent chez le gaucher).

> **Conséquence :** l'appui est trop lourd sur l'instrument scripteur. Pour y remédier, l'éducateur peut glisser un petit carré de papier plié entre le poignet de l'enfant et le support en exigeant qu'il accompagne la progression de l'avant-bras de gauche à droite. En terme d'efficacité, l'énergie fournie par la main avec un poignet cassé est en partie perdue et ne se communique pas aux doigts. Un kinésithérapeute propose aux enfants et adultes dont le poignet est trop souple de porter un bracelet de cuir ou de tissu.

Poignet cassé, main dirigée vers soi.

> **Conséquence :** sur la feuille, la main est placée au-dessus de l'écriture. Il s'agit souvent d'une attitude de gaucher.

L'index ou le pouce chevauche l'instrument scripteur.

> **Conséquence :** cela augmente le poids sur l'instrument scripteur et empêche les mouvements légers de flexion et d'extension de ces deux doigts.

Les doigts sont trop repliés sur l'instrument scripteur.

> **Conséquence :** l'instrument scripteur est redressé ; le poids des doigts se porte alors sur le crayon et freine son glissement sur le support. L'alternance flexion-extension demande plus d'effort.

Parmi les difficultés que l'enfant peut ressentir en écrivant, on peut signaler la gêne rencontrée par certains à écrire en bas de page. La main ne glisse plus sur la feuille mais sur la table. La feuille elle-même glisse vers la droite (sens de l'écriture) entraînée par la main.

Rappelons également l'extrême importance du choix de l'instrument scripteur. Un instrument de qualité adapté aux besoins réels de l'enfant permettra un apprentissage harmonieux.

7. Qualités de l'écriture, qualités du bon scripteur

L'écriture doit être efficace, c'est-à-dire être à la fois lisible et rapide.
Elle doit nécessiter un minimum d'efforts, c'est-à-dire être fluide avec un juste dosage, pour celui qui écrit, de légèreté et de fermeté sans contractions inutiles dans le reste du corps.
Elle doit être harmonieuse et régulière.

Les cinq qualités de l'écriture (LFHRR) : lisibilité, fluidité, harmonie, rapidité, régularité.

Les cinq qualités du geste graphique (PLAFE) : précision, légèreté de l'appui, aisance, fermeté de la prise, efficacité.

Le bon scripteur est celui qui, ayant développé une excellente technique dans son geste graphique avec pour résultat une belle écriture, garde une motivation naturelle pour écrire. Cette motivation reste le moteur de son envie de progresser.
Plus l'adulte dessinera et écrira avec plaisir devant l'enfant, plus l'enfant cherchera lui-même ce plaisir d'écrire. L'adulte a une attitude stimulante essentielle sur l'activité de l'enfant ; son exigence restera toujours positive et orientée dans le sens du « beau » et du « mieux ».

S'il est bien exécuté, le geste graphique apporte à l'enfant à la fois un plaisir visuel et une exaltation de sentir la beauté d'une ligne née de son geste. Voir l'adulte contempler ce que lui, l'enfant, a produit, décuple son énergie et donne un tout autre sens à son geste : il découvre qu'il peut offrir du « beau » à l'autre...

8. L'alphabet cursif lié et les sept graphismes de base

L'alphabet qui nous sert de référence pour l'apprentissage de l'écriture est donc un alphabet cursif lié. En liant toutes les lettres d'un même mot entre elles, nous favorisons chez l'enfant l'acquisition d'une écriture rapide et fluide, avec un geste précis et un effort moindre. J'ai pu constater également que cette écriture liée favorisait la mise en place d'un meilleur sens orthographique : le mot est toujours visualisé comme une entité de forme et de sens, et l'enfant ne levant l'instrument scripteur qu'à la fin de son mot est obligé de se relire pour ajouter les petits graphismes : accents, point, barre du t.

L'étude des lettres de l'alphabet cursif lié m'a permis de les décomposer en sept graphismes de base : quatre graphismes montants et trois graphismes descendants. Le choix d'une dominance de graphismes montants est bien volontaire ; la majorité des enfants ayant un élan oblique montant de gauche à droite dominant. Le graphisme de base de « la crête » conditionne le ductus de toutes les lettres contenant un cercle : a, c, d, g, o, q.

L'alphabet cursif lié

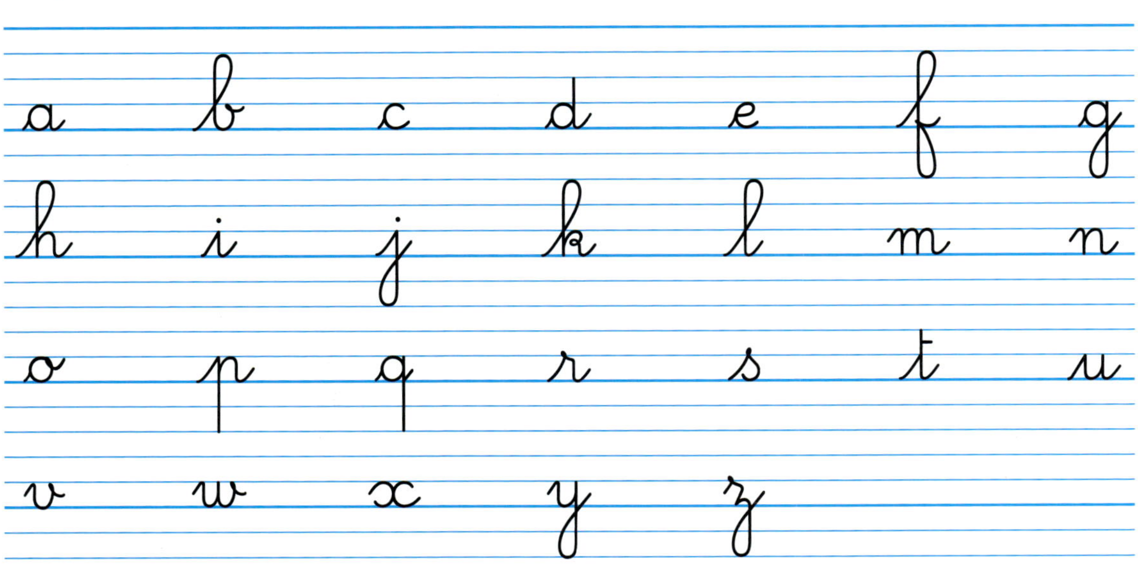

Les sept graphismes de base

	Graphisme	Lettres		
MONTANTS	la boucle	b f h k l e	o r v w z (la mini-boucle)	
	le un	p q j y t	a r u y i s (le mini-un)	
	le pont	m n	m n v p h k w (le mini-pont)	
	la crête	a c d g o q		
DESCENDANTS	la coupe	v w u b y	h k a n p m d i l u r t	
	la boucle	j g y z	la boucle	f

les accents et les petits graphismes	i î j t e è ë ç

9. Apprentissage d'un nouveau graphisme

Je vous propose ici une progression d'activités préparatoires à l'intégration du graphisme ℓ. Chaque aspect de l'apprentissage pourra être abordé ou repris à un moment différent de la journée; par contre il me semble essentiel que l'ordre suivant soit respecté dans l'apprentissage de tous les graphismes.

1 Détente

Les exercices de relaxation sont nécessaires pour détendre et concentrer l'enfant. Ils deviennent indispensables avant de commencer à utiliser un instrument scripteur lorsque les enfants ont eu froid, lorsqu'ils sont fatigués et énervés ou tout simplement quand ils changent d'activités.

2 Libération

Avant que l'enfant apprenne à contrôler et à maîtriser son geste dans un espace restreint, il doit apprendre à le libérer.

Dans un premier temps, ces exercices seront faits sur de grandes feuilles fixées au mur ou au tableau. Avec une craie (la craie blanche sur une feuille noire valorise le tracé) ou un gros feutre, l'enfant lancera des lignes et l'adulte l'incitera à amplifier ses gestes au maximum.

Graphismes à utiliser: balayages, cercles, cycloïdes, épicycloïdes, hypocycloïdes, projections, gerbes, arabesques, vagues...

Dans un deuxième temps, l'enfant reprendra ces graphismes sur un plan horizontal avec une craie, une couleur grasse, un feutre ou un pinceau. La feuille reste de grand format mais l'enfant est assis et l'adulte veille à sa position et à la bonne tenue de l'instrument scripteur: il contrôle le glissement de la tranche externe de la main avec l'auriculaire et de l'avant-bras sur la feuille de gauche à droite, le poignet restant pratiquement immobile.

3 Découverte avec le corps

Dans la séance de psychomotricité, je prépare les enfants à l'apprentissage du ductus d'un nouveau graphisme. Tous les enfants sont assis dans la même orientation et devant eux, je trace sur le sol un parcours à l'aide d'un ruban adhésif de couleur ou d'une craie.

Devant les enfants, je me place sur le point de départ et me déplace sur le parcours en silence. Je pars avec un crescendo de vitesse jusqu'au point culminant de la courbe puis reviens avec un decrescendo jusqu'à la barre d'arrivée. Je m'arrête sur la barre d'arrivée en sautant à pieds joints. Les enfants viennent ensuite un par un suivre le parcours. Si les enfants en ont envie, je leur propose d'imaginer et de suivre le parcours les yeux fermés.

Tout parcours et donc tout sens du tracé est d'autant plus facile à intégrer par l'enfant qu'il est rythmé de façon très précise avec des élans-crescendo et des arrêts marqués.

4 Découverte avec le bras et la main sur un espace vertical

5 Apprentissage avec un instrument scripteur sur un espace vertical

6 Apprentissage avec un instrument scripteur sur un espace horizontal

Les enfants sont debout dans la même orientation. Je prends soin de regrouper auparavant les droitiers et les gauchers.

La main qui n'écrit pas est derrière le dos.

Je dessine en grand le graphisme au tableau, devant les enfants, en explicitant mon geste par la mélodie-graphique qui convient. L'essentiel, comme dans la séance de psychomotricité, est de rythmer le geste ainsi que la mélodie-graphique qui l'accompagne. Il y a un crescendo d'intensité et un accélérando dans la mélodie jusqu'au point culminant ; la main s'élance vers le haut puis, entraînée par le poids, redescend tout naturellement.
Après avoir tracé le graphisme ℓ, je repasse le trait avec les deux doigts index/majeur assemblés en chantant la mélodie. Puis, un par un, les enfants viennent suivre du doigt le tracé en chantant la mélodie et en utilisant à bon escient leur inspiration et leur expiration.

Les mélodies graphiques
Voici deux mélodies graphiques créées pour

les graphismes montants

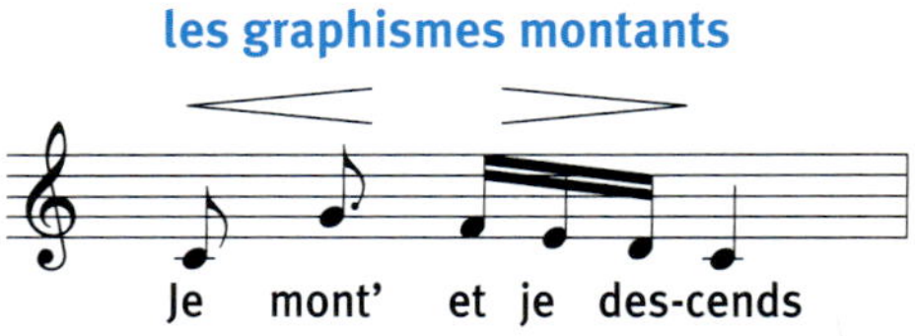

les graphismes descendants

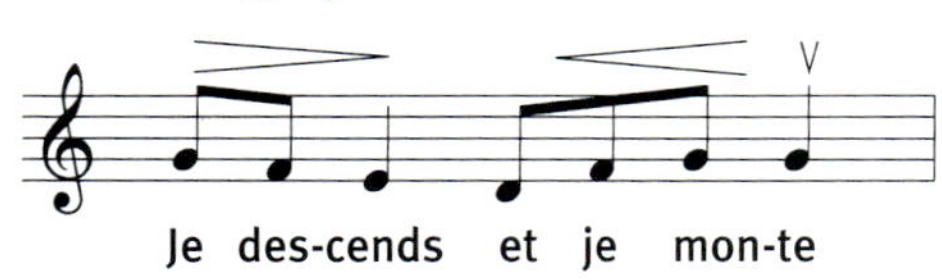

J'ai constaté avec les enseignantes que la verbalisation chantée du geste graphique enthousiasmait les enfants, les guidait dans leur geste et les aidait dans leur auto-correction du geste.

« Au cours des séances, le maître pourra demander aux enfants de verbaliser leur action avant ou après l'exécution. Ce passage par le "dit" nous paraît une étape indispensable dans l'intégration du geste au mental. »

Raymond Octor, José Kaczmare,
Pour un apprentissage structuré de l'écriture

Expériences possibles

- Pendant que l'adulte dessine son graphisme au tableau, les enfants peuvent le dessiner dans le vide devant eux sur un tableau imaginaire.
- Le tracé sur le tableau peut se faire avec les doigts mouillés à la craie, avec les doigts frottés à la craie, avec un pinceau en repassant sur le graphisme de l'adulte, avec un pinceau à côté du modèle.

L'important est de suivre la progression : corps-bras-doigts-instrument scripteur, en réalisant que la tenue de l'instrument représente une difficulté supplémentaire et ne peut venir qu'en étape finale.

7 Intégration par la répétition sur un espace horizontal et expérimentation les yeux fermés

8 Intégration par la répétition avec le guidage des pointillés

9 Intégration par la contrainte des lignes et des interlignes

- Pour chaque graphisme il peut y avoir une étape les yeux fermés.
- Les exercices peuvent être répétés en variant la vitesse d'exécution mais en conservant les accélérations. Certains graphismes s'intègrent plus vite et se réalisent mieux quand la vitesse d'exécution est plus grande.
- Les enfants peuvent enchaîner plusieurs fois de suite le graphisme  en chantant autant de fois la chanson.
- Les enfants peuvent créer d'autres mélodies.

Quand les enfants ont déjà découvert plusieurs graphismes, nous les répétons systématiquement en fin de séance et nous jouons à les enchaîner en créant ainsi des successions mélodiques et rythmiques. N'oublions jamais que la répétition est nécessaire à l'intégration et que ce temps d'intégration est différent pour chaque enfant.

Dans un premier temps, tout apprentissage de nouveau graphisme se fait sur un grand espace vierge pour que l'enfant intègre et fixe dans sa mémoire kinesthésique les élans et les inhibitions appartenant au graphisme lui-même.

Si l'enfant a des difficultés pour respecter le sens graphique dextrogyre, nous l'aiderons avec un repère fixe sur sa feuille ou sur sa table :

Dans un deuxième temps, l'enfant s'exerce à dessiner le nouveau graphisme dans tous les formats : de la boucle géante à la boucle minuscule par exemple. Et c'est seulement lorsque l'adulte aura constaté un automatisme parfait dans les réalisations de l'enfant que ce dernier pourra les dessiner sur des lignes et entre des lignes dont nous ferons varier les espacements.

L'apprentissage de l'écriture entre les lignes ne doit jamais interférer avec celui de l'écriture d'un graphisme. Par contre, nous pouvons utiliser des feuilles lignées ou quadrillées pour placer des graphismes parfaitement intégrés.

10. LA PROGRESSION D'« *écrit lettres* »

Notre progression suit la difficulté d'écriture des lettres. On propose à l'apprenti-scripteur d'abord des lettres aux formes les plus simples.

Ce cahier comporte 62 séries de graphismes d'apprentissage dont :

- **3 pages d'acclimatation au codage utilisé dans chaque travail.** Le rond indique le début du graphisme, l'endroit où l'enfant pose son instrument pour commencer le tracé. Les pointillés guident le tracé. Le trait indique la fin du graphisme, l'endroit où l'enfant soulève légèrement son instrument. Les flèches rouges indiquent le sens du tracé. L'étoile signifie un long tracé et l'attente du trait pour pouvoir lever son instrument.
- **27 séries d'exercices utilisant successivement les sept graphismes de base de notre écriture cursive** (voir tableau des sept graphismes de base). Ces activités de graphisme ne présentent pas les lettres mais entraînent à leur tracé. Le premier graphisme de base présenté est la boucle montante ; c'est un des plus spectaculaires sur le plan esthétique. L'enfant doit être particulièrement vigilant pour respecter le sens du tracé face à deux chemins possibles. S'il réussit la boucle, tous les autres graphismes lui seront facilement accessibles.

Les éducateurs proposeront aux enfants des feutres pointes moyennes pour tracer le trait sur les pointillés. Le feutre glisse facilement sur la feuille et donne à celui qui écrit une perception tactile de l'impression de son trait. Le feutre donne un résultat esthétique et régulier et demande une certaine maîtrise du poids vers la feuille. L'enfant aura toute liberté de choisir la couleur qu'il préfère pour repasser les pointillés à condition de ne pas changer de couleur lorsqu'il doit suivre un tracé continu (indiqué par une étoile). Il coloriera ensuite les dessins aux crayons de couleurs avec un appui constant et régulier de la mine.

- **32 pages présentant les 26 lettres gabarit de l'alphabet et 6 pages d'associations de 2 lettres plus difficiles à enchaîner.** L'enfant suit d'abord le tracé avec son index sur le modèle puis il trace la lettre avec un pinceau, un feutre-pinceau, une couleur grasse ou un gros feutre à l'intérieur du modèle. On utilisera une couleur claire pour laisser bien visibles les flèches à l'intérieur de la lettre. La deuxième ligne se trace au feutre plus fin ou au crayon, puis la troisième avec un instrument scripteur fin (crayon à papier). Les deux dernières lignes correspondent à l'écriture quadrillée « seyes » du cahier. Le graphisme modèle est toujours présenté à gauche mais aussi à droite pour aider les enfants gauchers.

Le principe des pointillés est à la fois un guide pour l'enfant et un moyen d'auto-correction. Il est à la fois guide visuel et guide psychomoteur. L'enfant sentira « musculairement » dès la première fois la forme de son nouveau graphisme. Le geste graphique ayant été guidé, « s'automatisera » progressivement grâce à la répétition et à l'enchaînement des graphismes.

« ... Il est intéressant de constater que d'abord conscient, volontaire, réfléchi, le geste pour devenir techniquement optimum, alliant efficacité et rapidité doit finalement échapper à la conscience, entrer dans les automatismes et l'athlète fait "très rarement ce qu'il croit faire", le réglage s'effectuant à son insu. »

Jean DELPRAT,
publication J. Réadapt. Méd., 11, n° 4, 231-242.

Chaque activité sera évaluée dans un dialogue enfant-adulte, par rapport aux possibilités de l'enfant et à sa propre progression. J'ai observé dans les classes où mes travaux ont été expérimentées que les enfants aiment recommencer les mêmes exercices plusieurs fois jusqu'à ce qu'ils arrivent à un résultat esthétique qui les satisfait.

Répéter et perfectionner puis éprouver son aisance gestuelle fait partie du plaisir constructeur de tout développement physique et intellectuel.

Marie-Laure DE BLOIS,
Novembre 2003

DES OUTILS POUR ÉCRIRE ET S'ENTRAÎNER

Le plateau de sable

Ce matériel propose aux enfants un espace vierge pour découvrir le plaisir de tracer avant toute utilisation d'un outil scripteur.

Les cartes de graphisme

Voici un support qui permet à l'enfant de s'exercer aux différentes configurations graphiques : tracé linéaire, courbe, boucles etc.
Ce matériel possède plusieurs avantages qui en font un outil très adapté à la préparation au graphisme :

- La texture de la surface donne une sensation d'écriture proche de celle d'une feuille de papier, toujours préférable aux surfaces trop glissantes pour feutre effaçable à sec.

- Tant qu'il est sec, le trait résiste au frottement. Par contre, il est facilement effaçable avec une éponge humide. L'enfant peut donc travailler sans crainte d'effacer et de salir par mégarde son dessin, ce qui est particulièrement intéressant pour les gauchers.
- Certains enfants sont inhibés par la crainte de l'erreur, et surtout par le fait que celle-ci reste de façon indélébile. Aussi le fait de pouvoir facilement effacer son dessin avec une éponge est libérateur pour l'enfant. Il peut s'entraîner sans crainte et recommencer jusqu'à la satisfaction.

Les outils d'écriture

« Il est certain que les instruments trop fins entre les doigts, et trop glissants, ne sont pas les plus recommandables. Et pour le tout jeune débutant, un crayon à mine tendre et un peu gros, sur lequel les doigts s'installent naturellement, sans effort, est sans doute l'instrument le plus approprié. »

Marie-Alice du Pasquier Grall
© Gauchers ne soyez plus contrariés

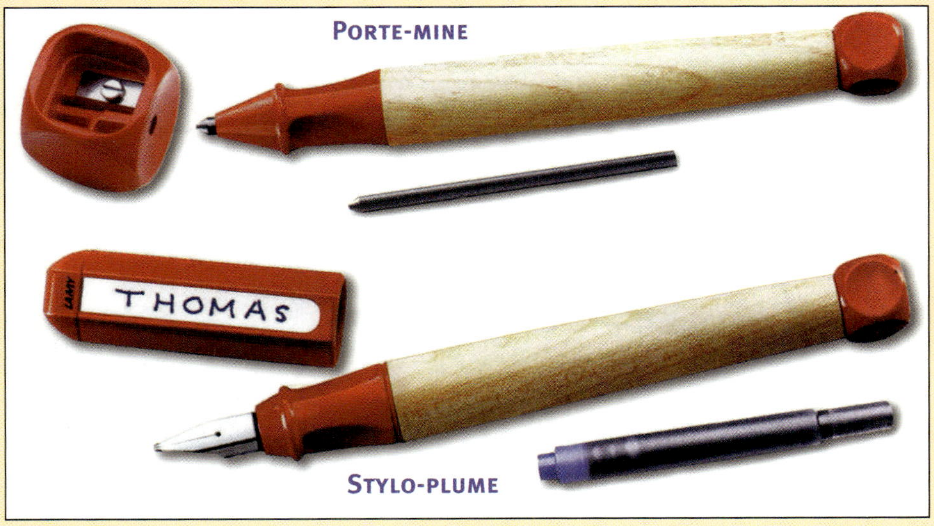

Le porte-mine et le stylo-plume abc Lamy.

Ces deux outils ont une ergonomie spécialement étudiée pour la main de l'enfant à l'âge de l'apprentissage.

Le porte-mine est pourvu d'une mine large, tendre qui laisse une trace satisfaisante pour l'enfant, sans qu'il ait à appuyer trop fort. Il évite ainsi de se crisper sur son outil.

Pour la même raison, le stylo est pourvu d'une plume d'épaisseur moyenne, souple et glissant bien. Le stylo peut être équipé d'une plume conçue spécialement pour les gauchers.

**Les outils présentés sur cette page peuvent être acquis auprès de la société OPPA
80 rue du Théâtre 75015 Paris - Catalogue sur demande au 01 45 75 48 45 ou fax au 01 45 75 54 12**

Cinq codes secrets pour commencer

Premier code : le rond

**Je pose la pointe de mon feutre sur chaque rond ligne après ligne.
Je commence à gauche de la première ligne.**

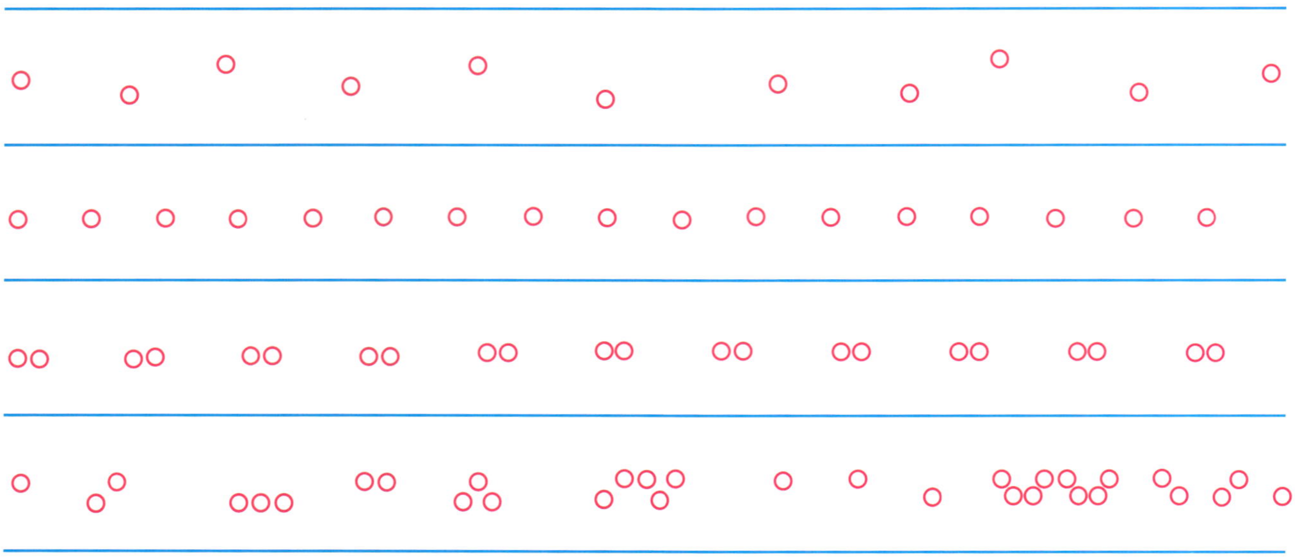

Deuxième code : les pointillés

Je pose la pointe de mon feutre sur le rond et je suis les pointillés.

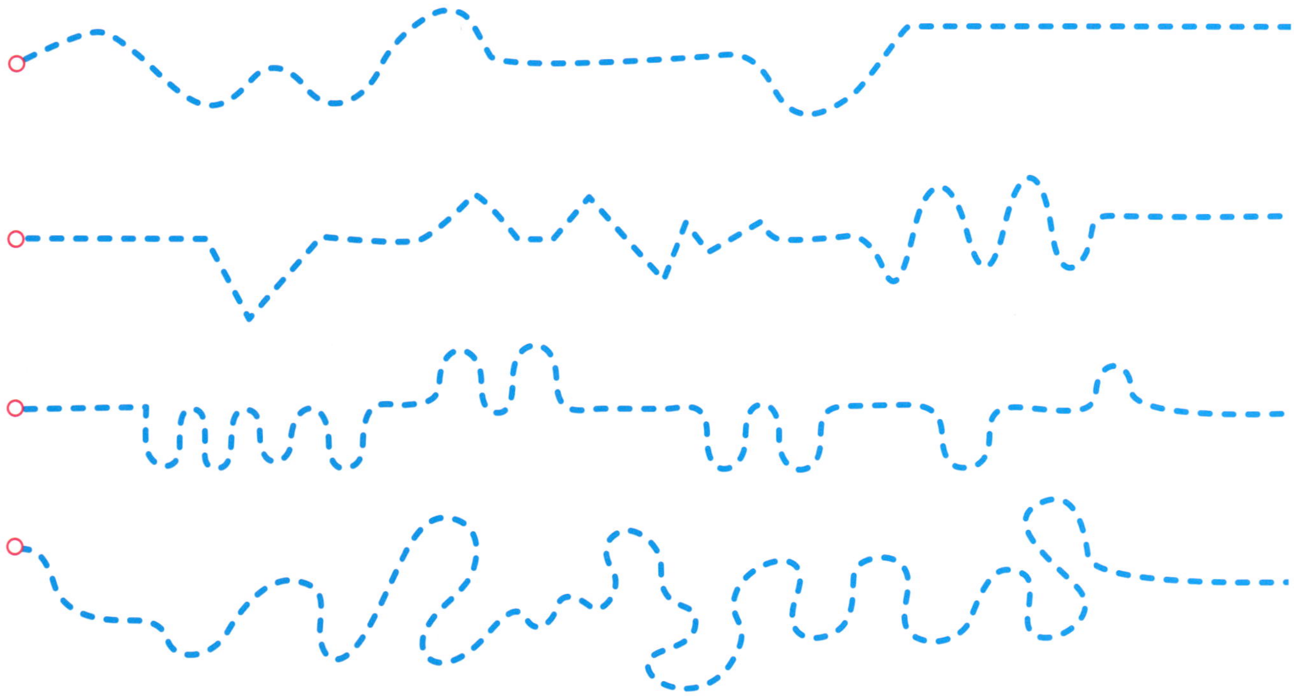

L'ADULTE CONTRÔLE LE GLISSEMENT DE LA TRANCHE EXTERNE DE LA MAIN SUR LA FEUILLE.
LA MAIN SE DÉPLACE SANS MOUVEMENT DU POIGNET ; SEULS LES DOIGTS SONT MOBILES.

Cinq codes secrets pour commencer

Troisième code : le trait

Je suis les pointillés et je m'arrête au trait en soulevant légèrement la pointe du feutre.

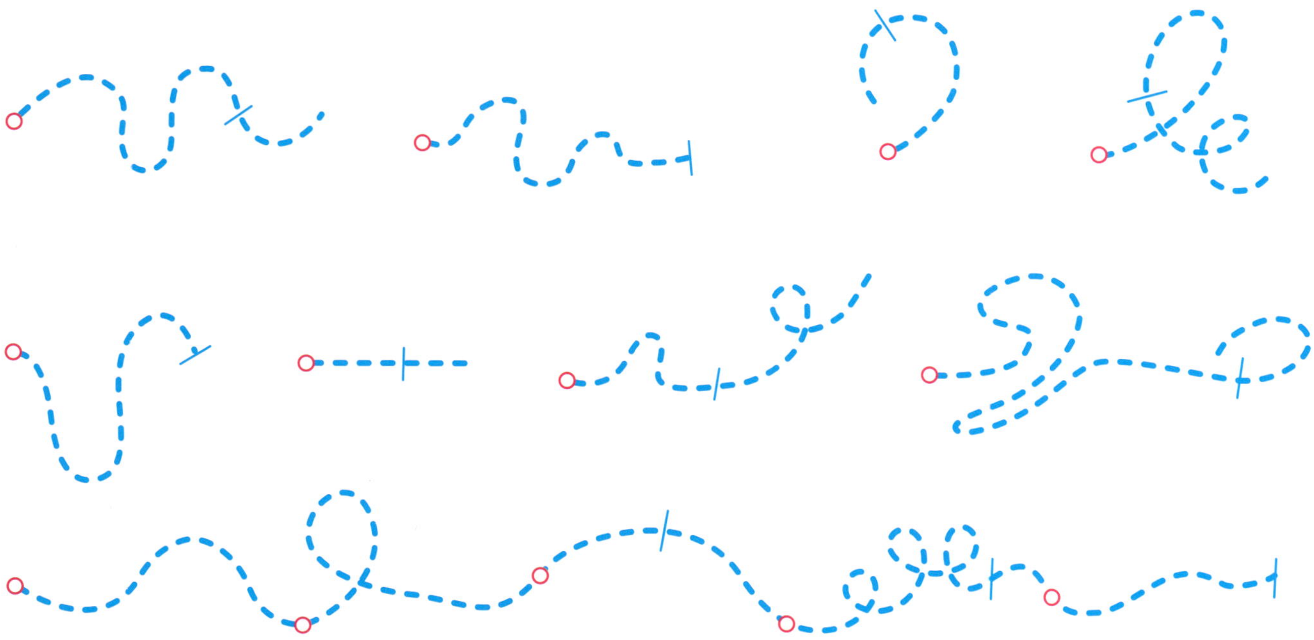

Quatrième code : les flèches

Je pose mon feutre sur le rond.
Je suis les pointillés en respectant le sens de la flèche.

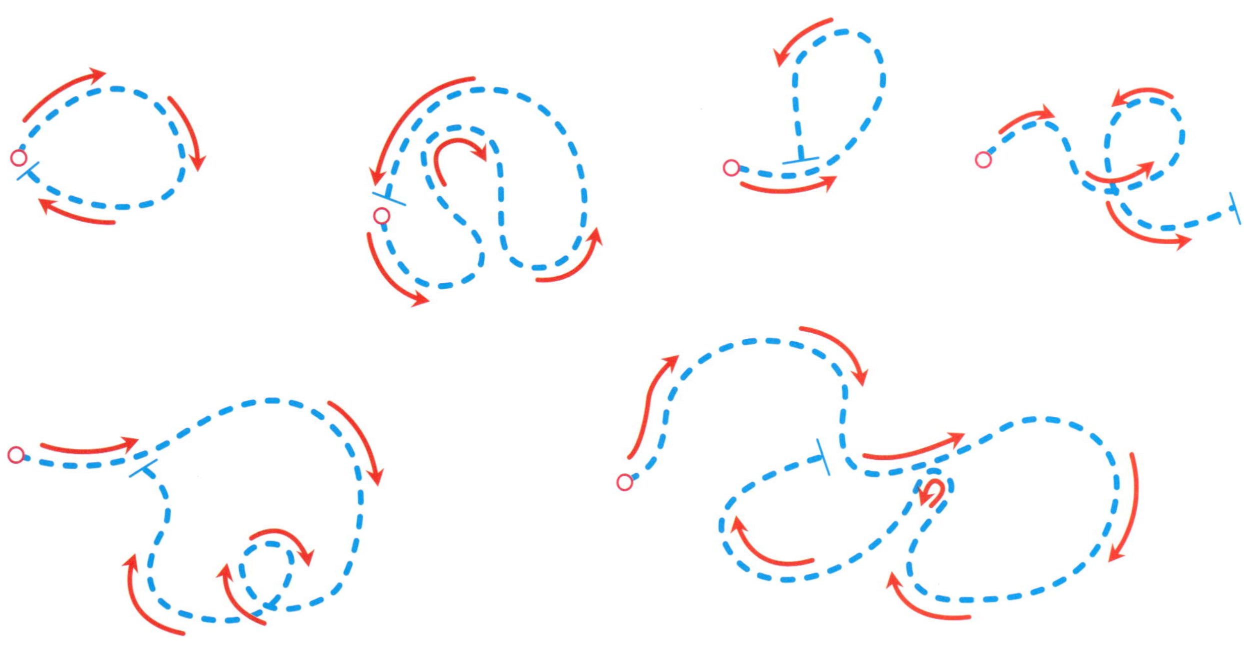

L'ADULTE CONTRÔLE QUE L'ENFANT TRACE BIEN SA LIGNE SUR LES POINTILLÉS ET NON SUR LES FLÈCHES.

Cinq codes secrets pour commencer

Cinquième code : l'étoile

Je suis les pointillés jusqu'au trait sans lever la pointe de mon stylo.

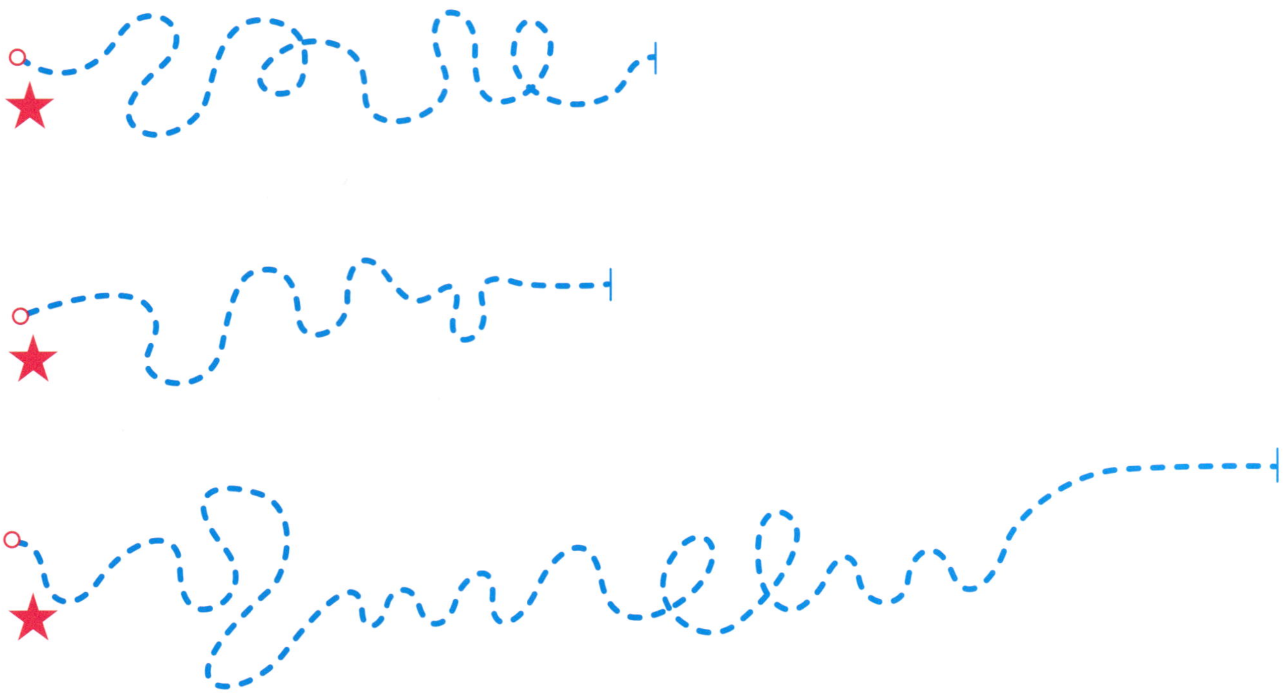

Je crée

J'invente un graphisme avec les 5 codes secrets et je le dessine ici.

L'ADULTE CONTRÔLE LE GLISSEMENT DE LA MAIN DE L'ENFANT ET LA TENUE DU FEUTRE.
L'ENFANT SAIT UTILISER LES 5 CODES ; IL PEUT COMMENCER SON APPRENTISSAGE DU GRAPHISME.

un voilier

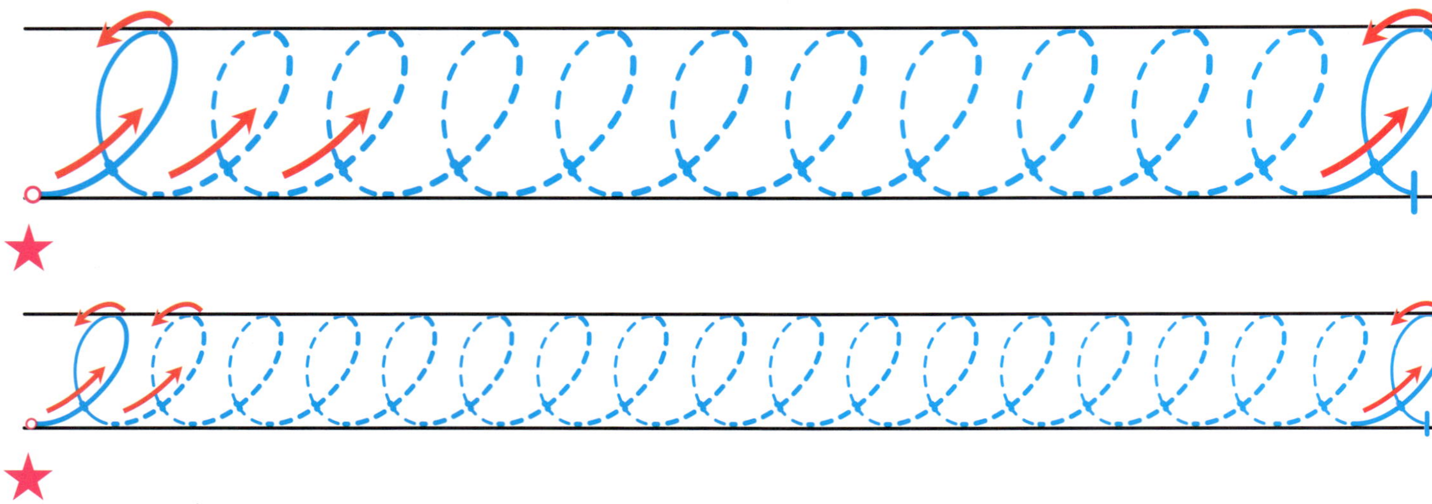

des jouets

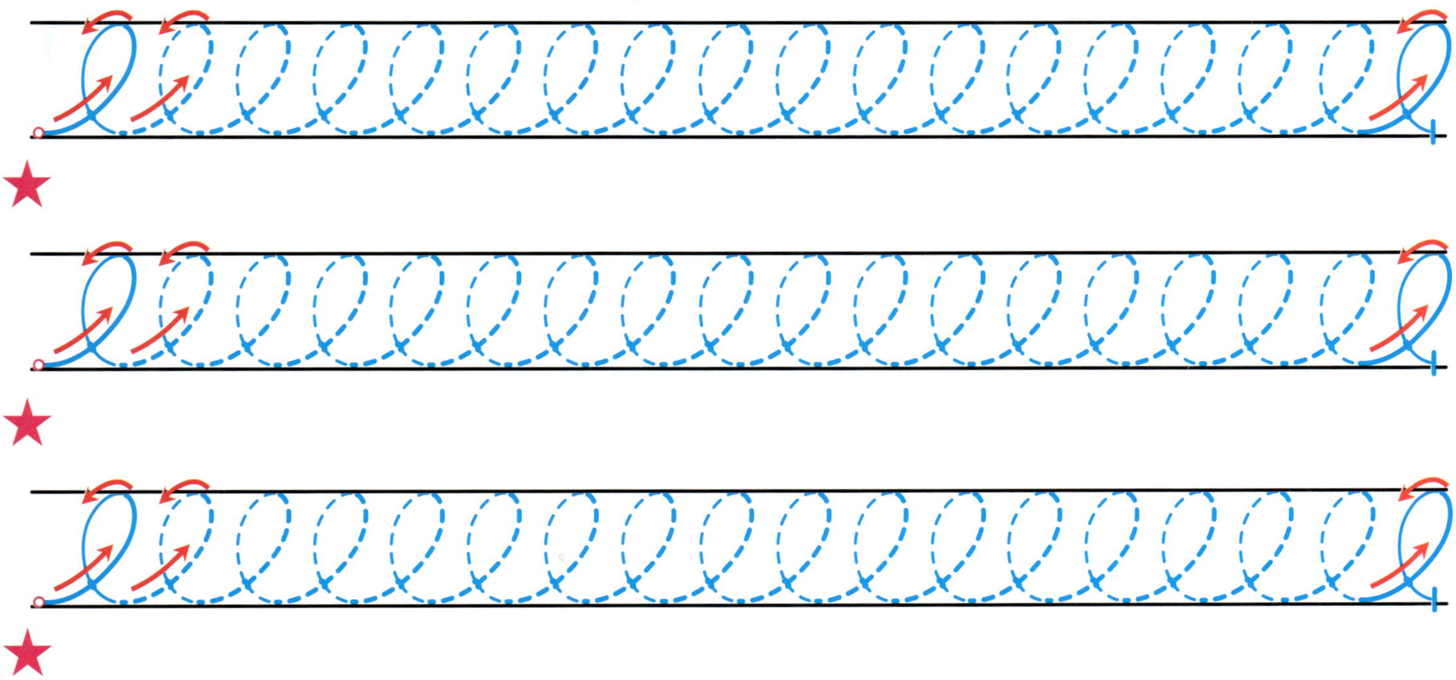

dans le salon

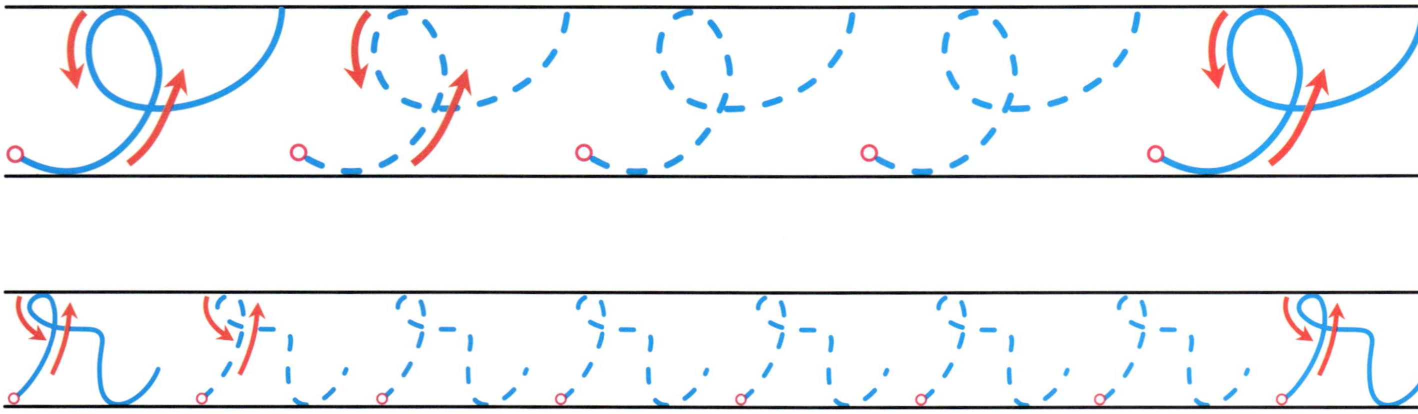

carnaval

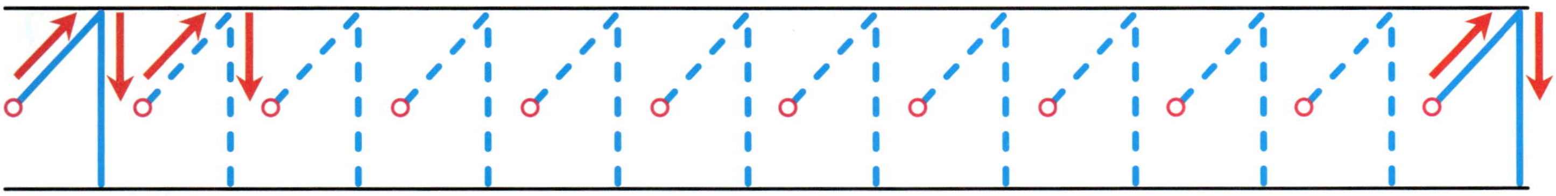

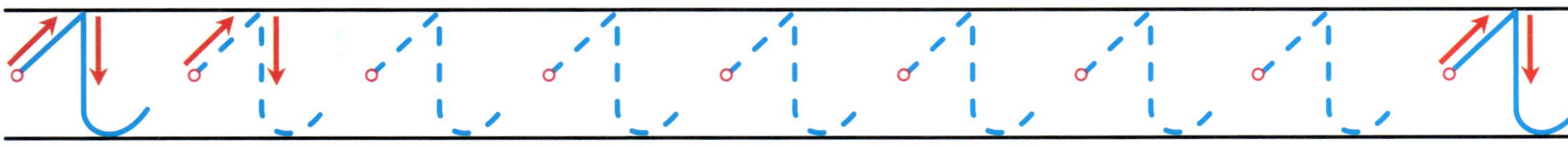

une robe

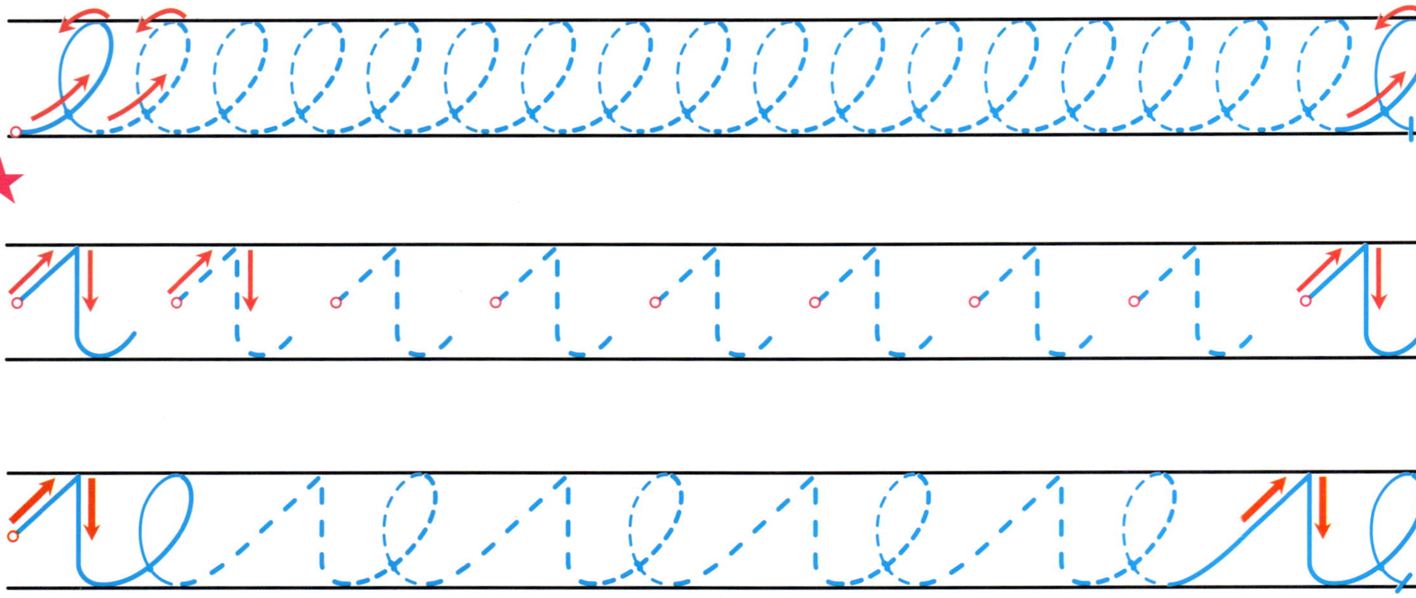

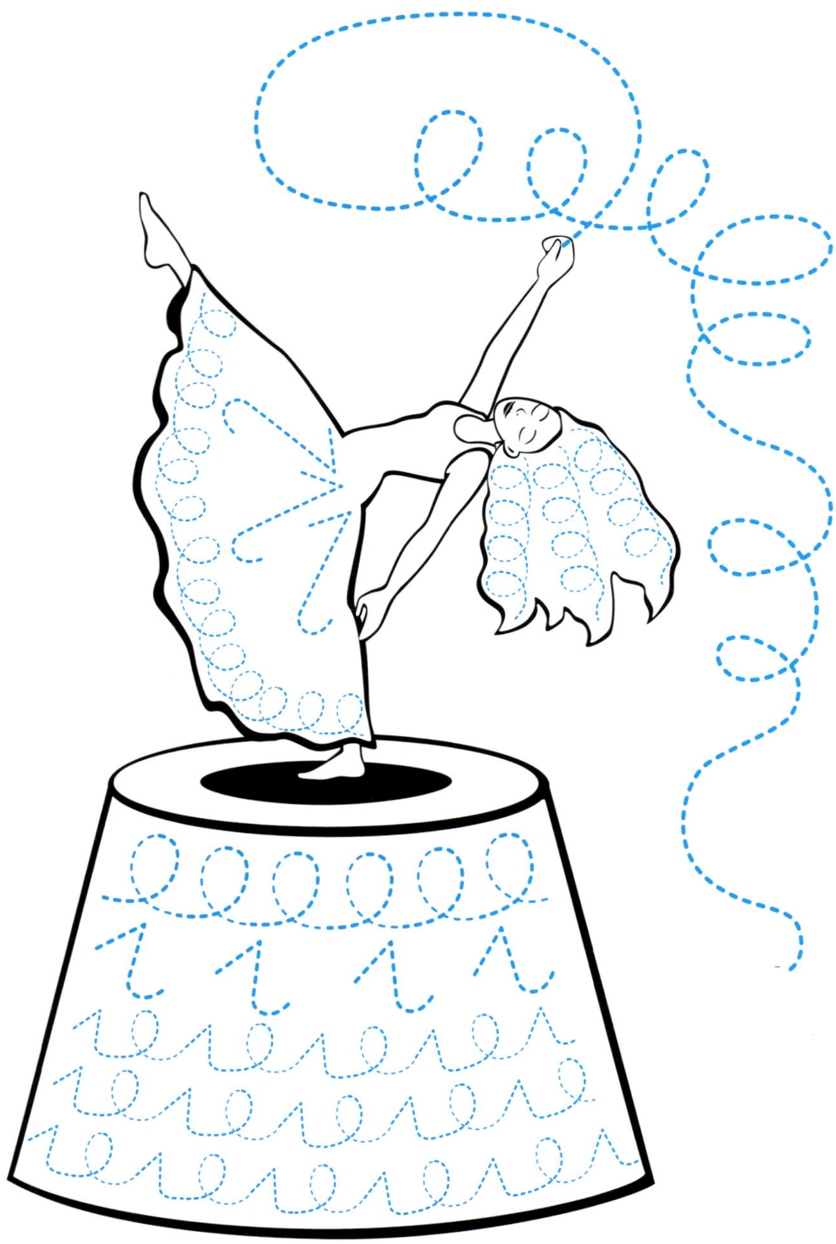

une danseuse

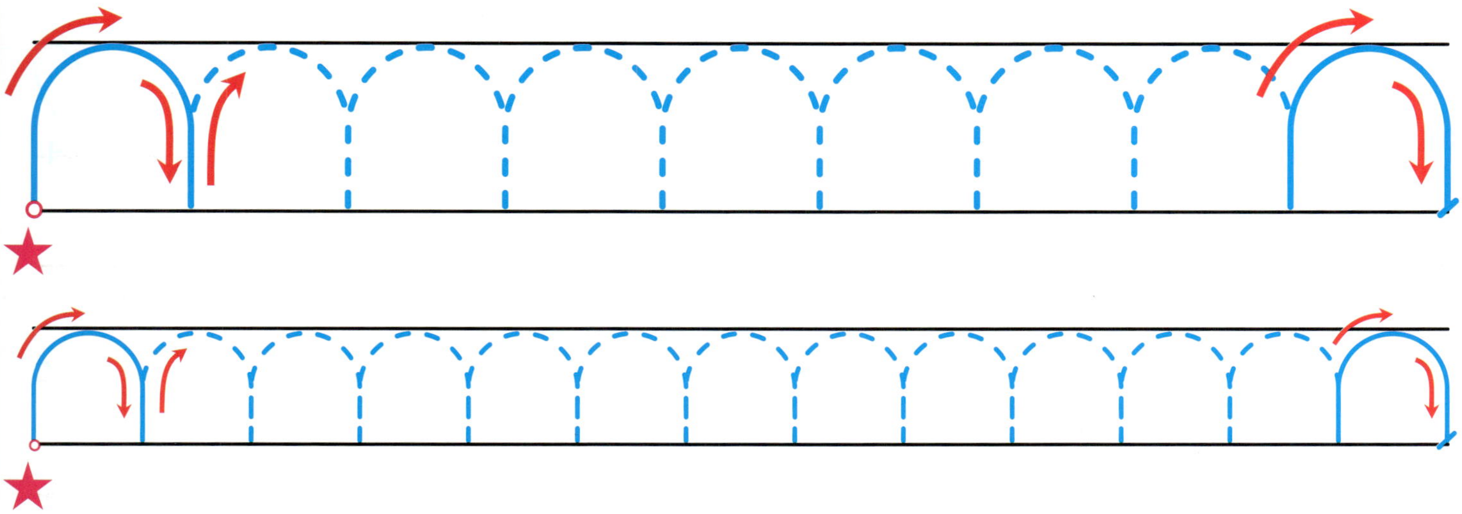

le goûter

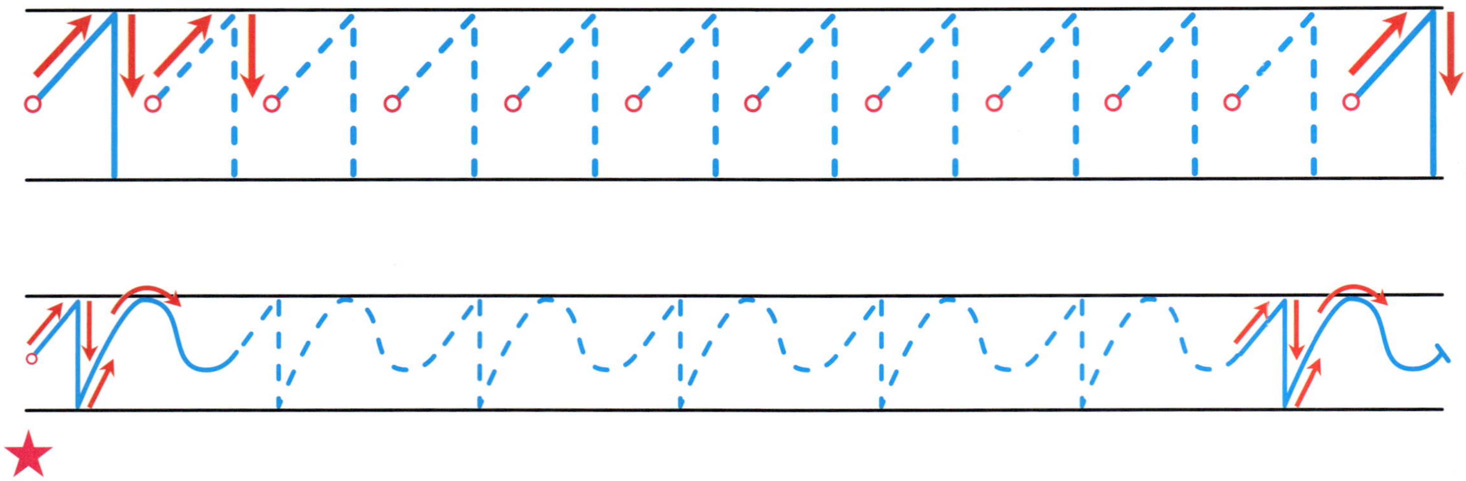

dans les nuages

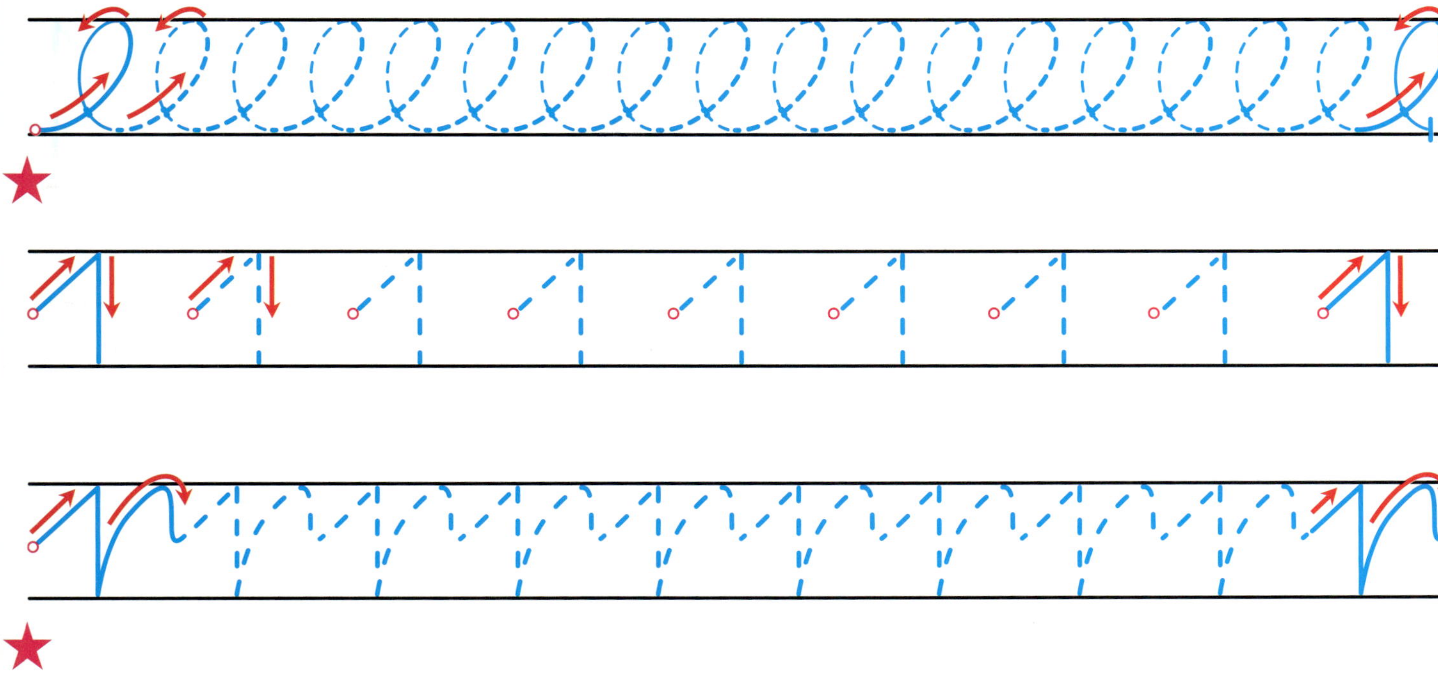

le berger

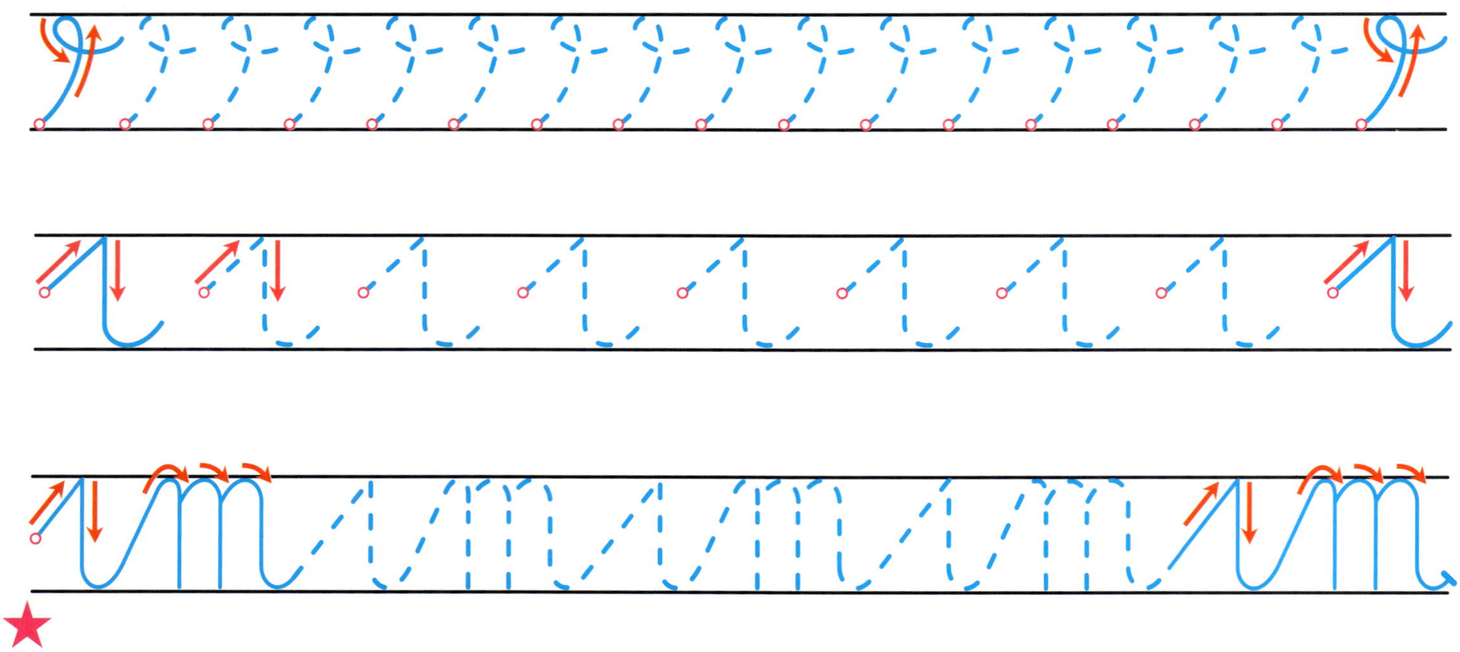

un poisson

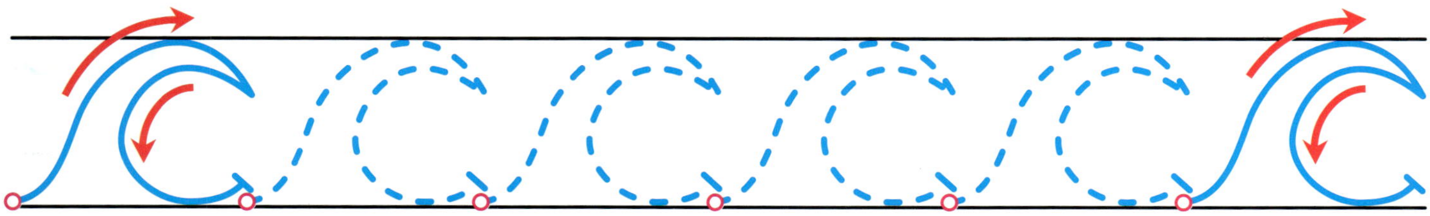

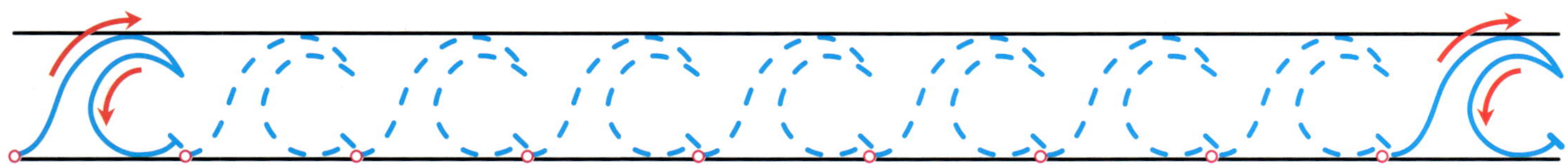

la poule et ses poussins

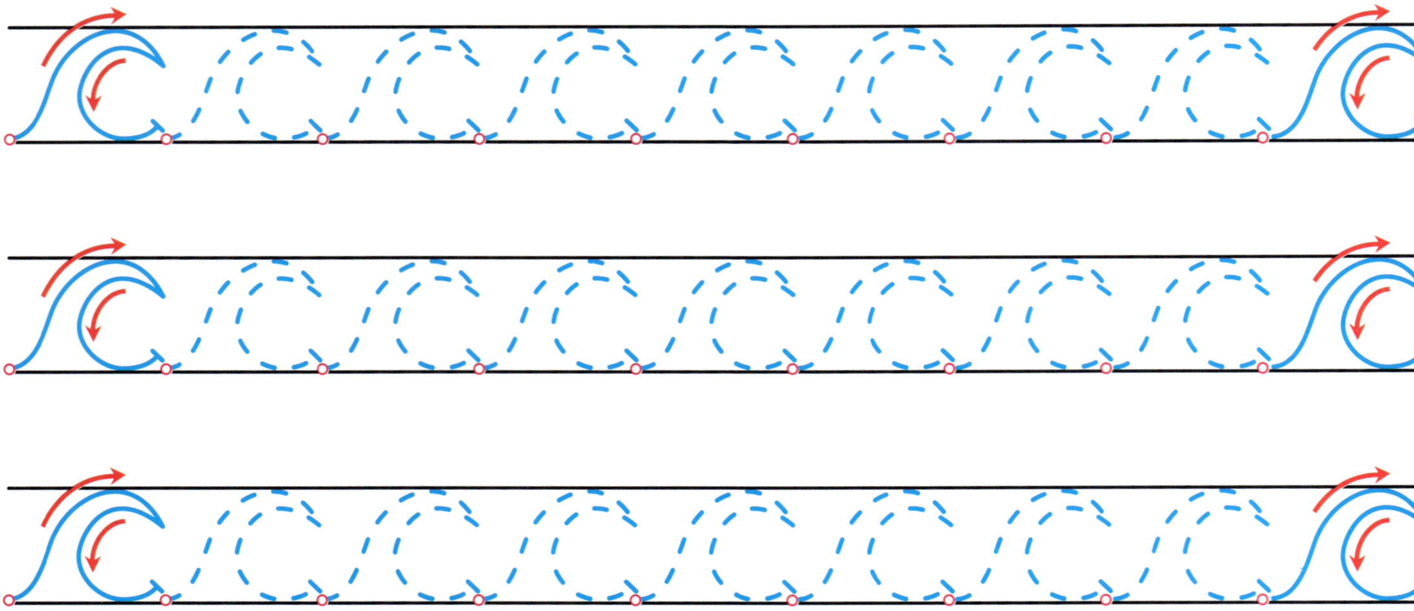

un clown

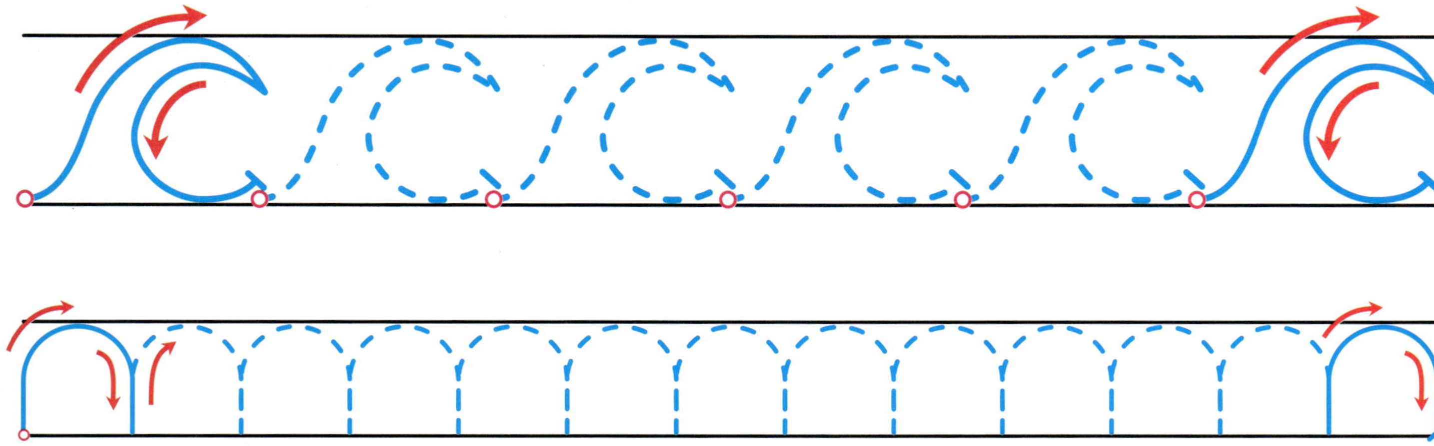

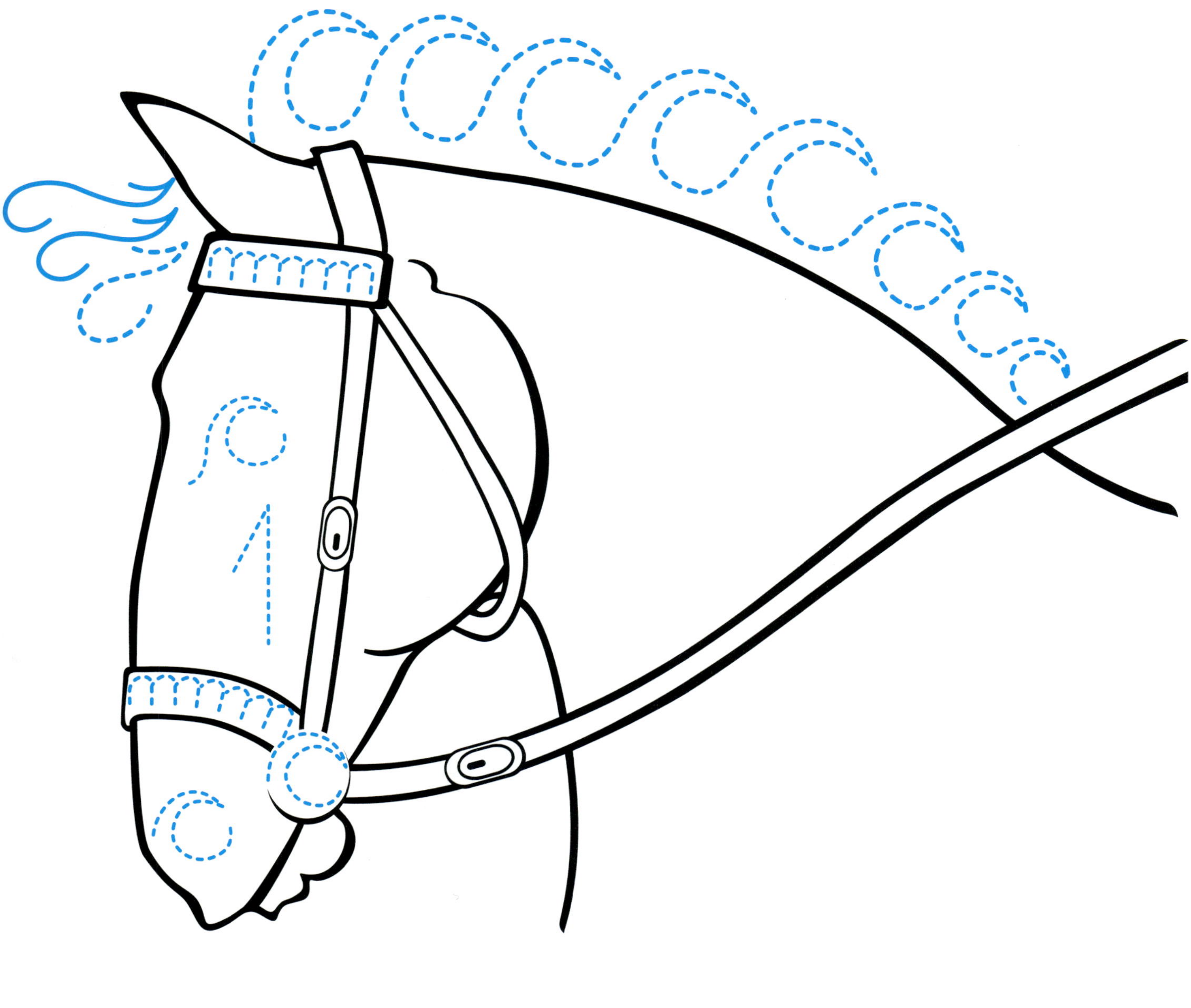

la tête du cheval

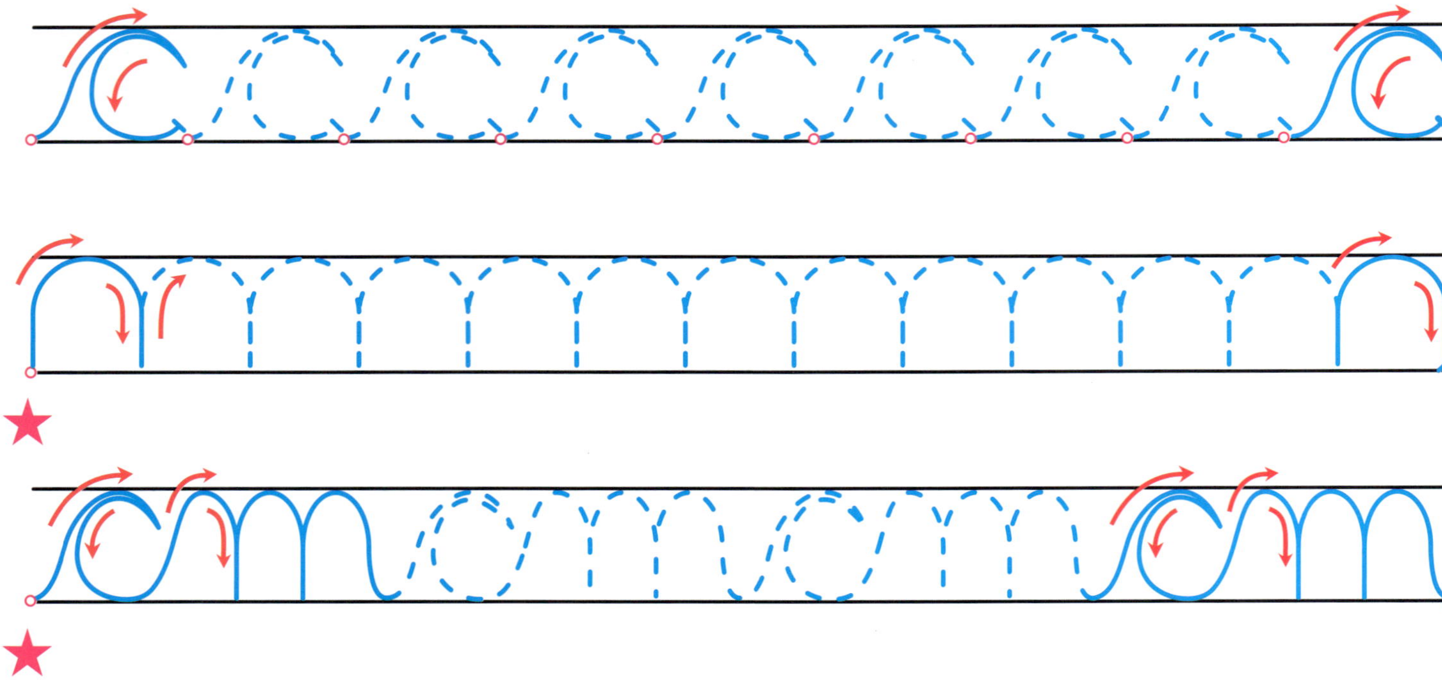

les ballons

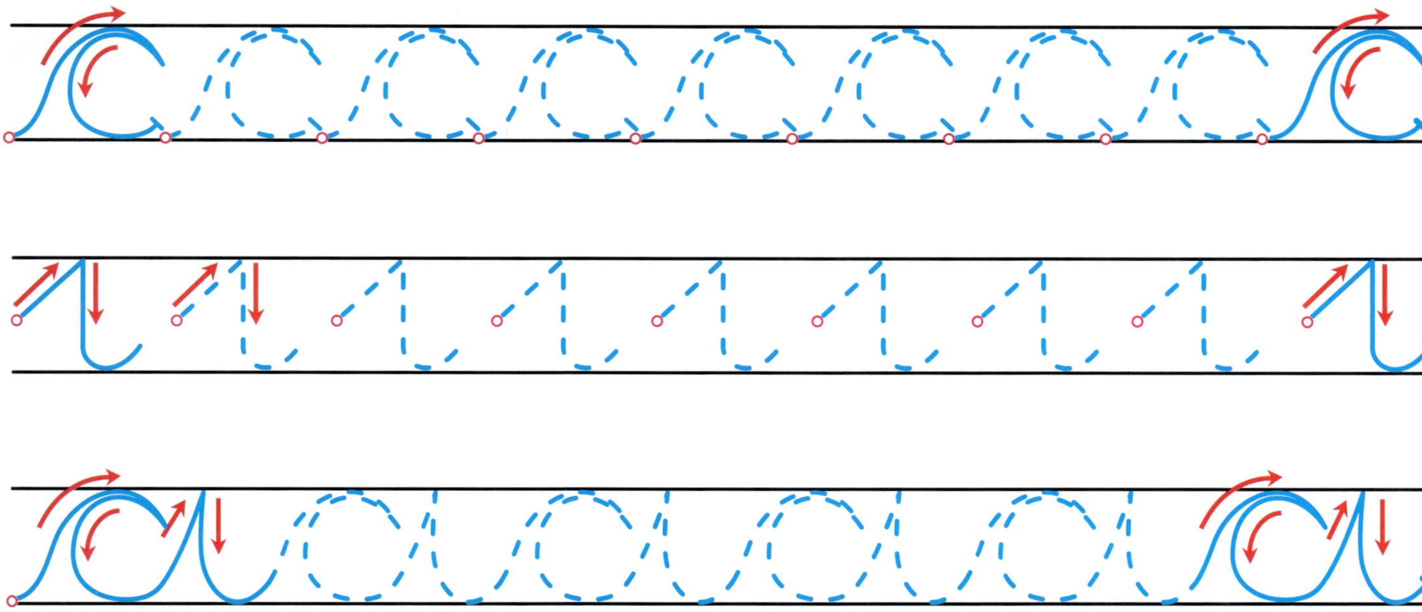

des fruits

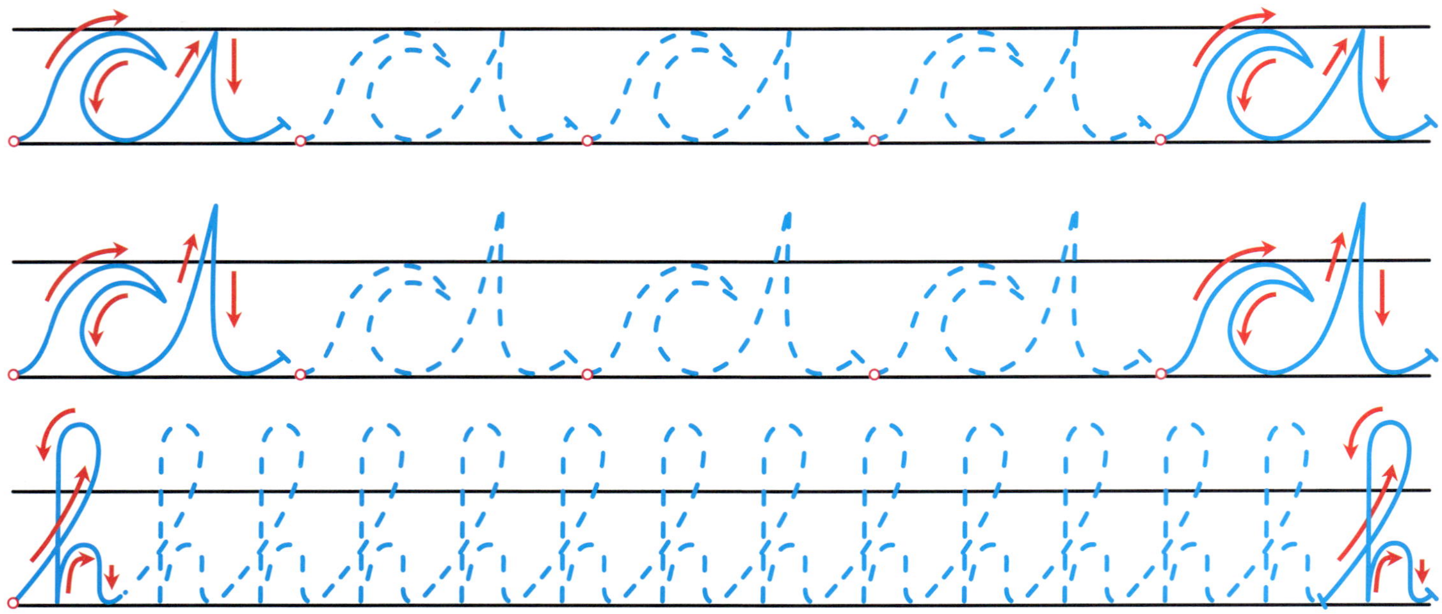

c'est noël

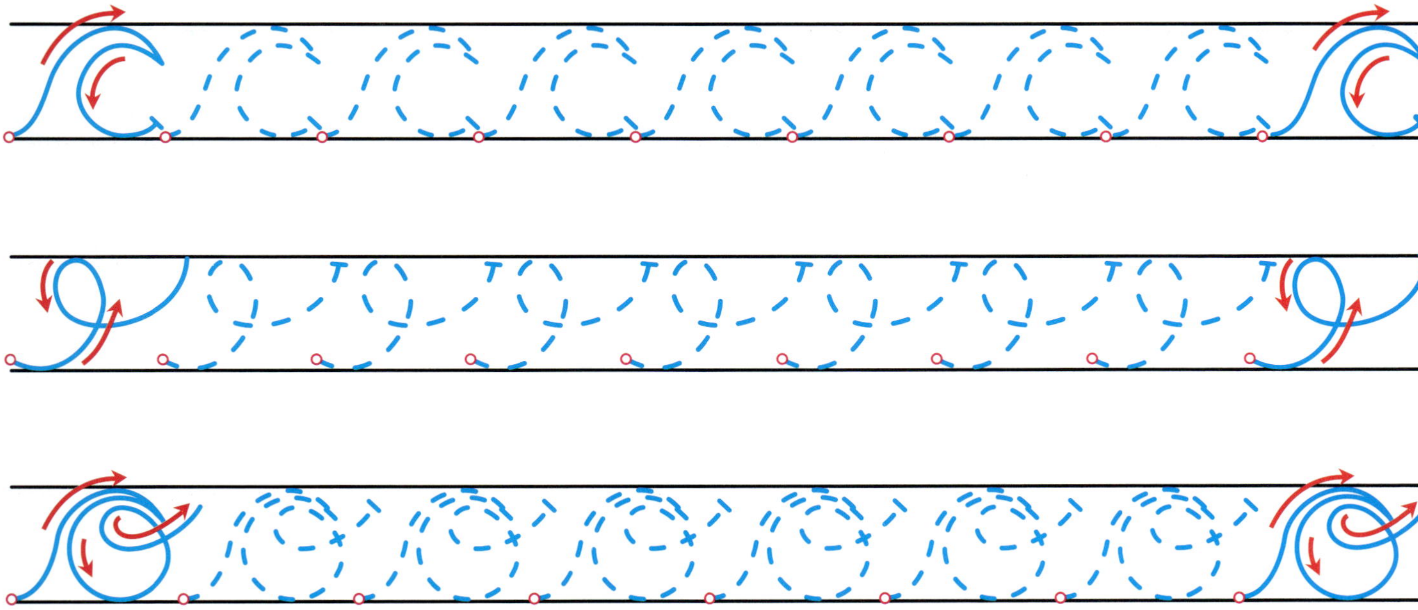

les cochons

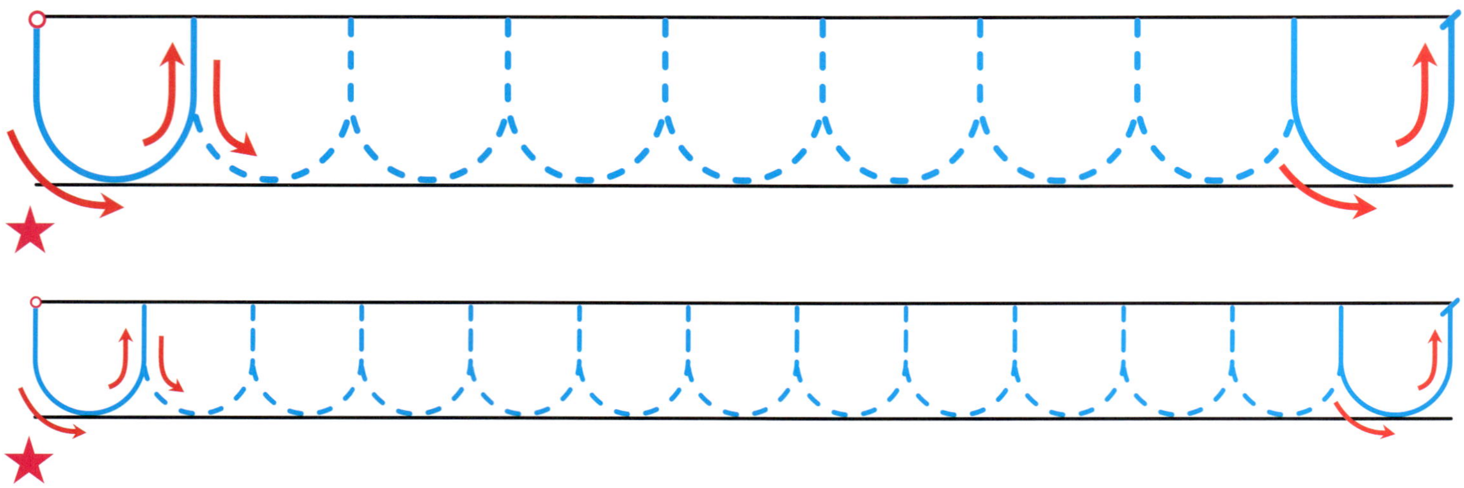

le pélican

la plage

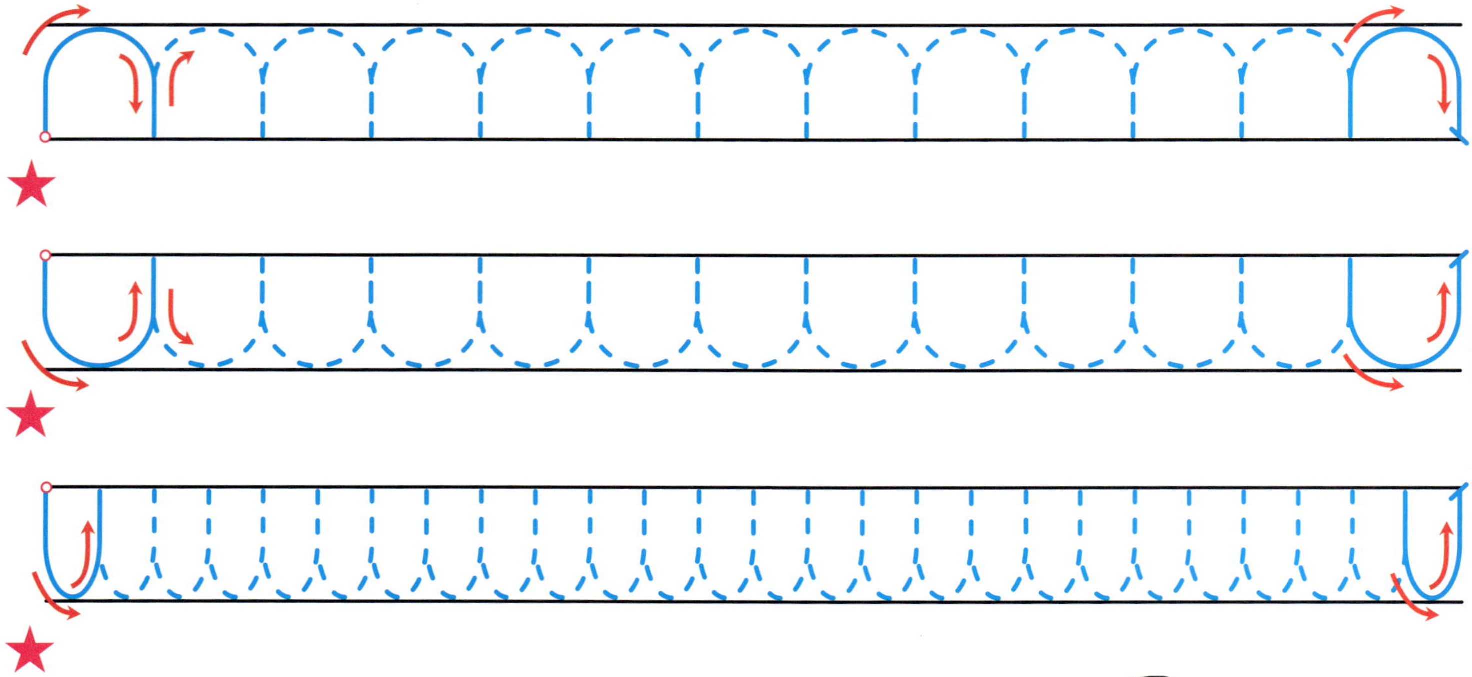

un pêcheur

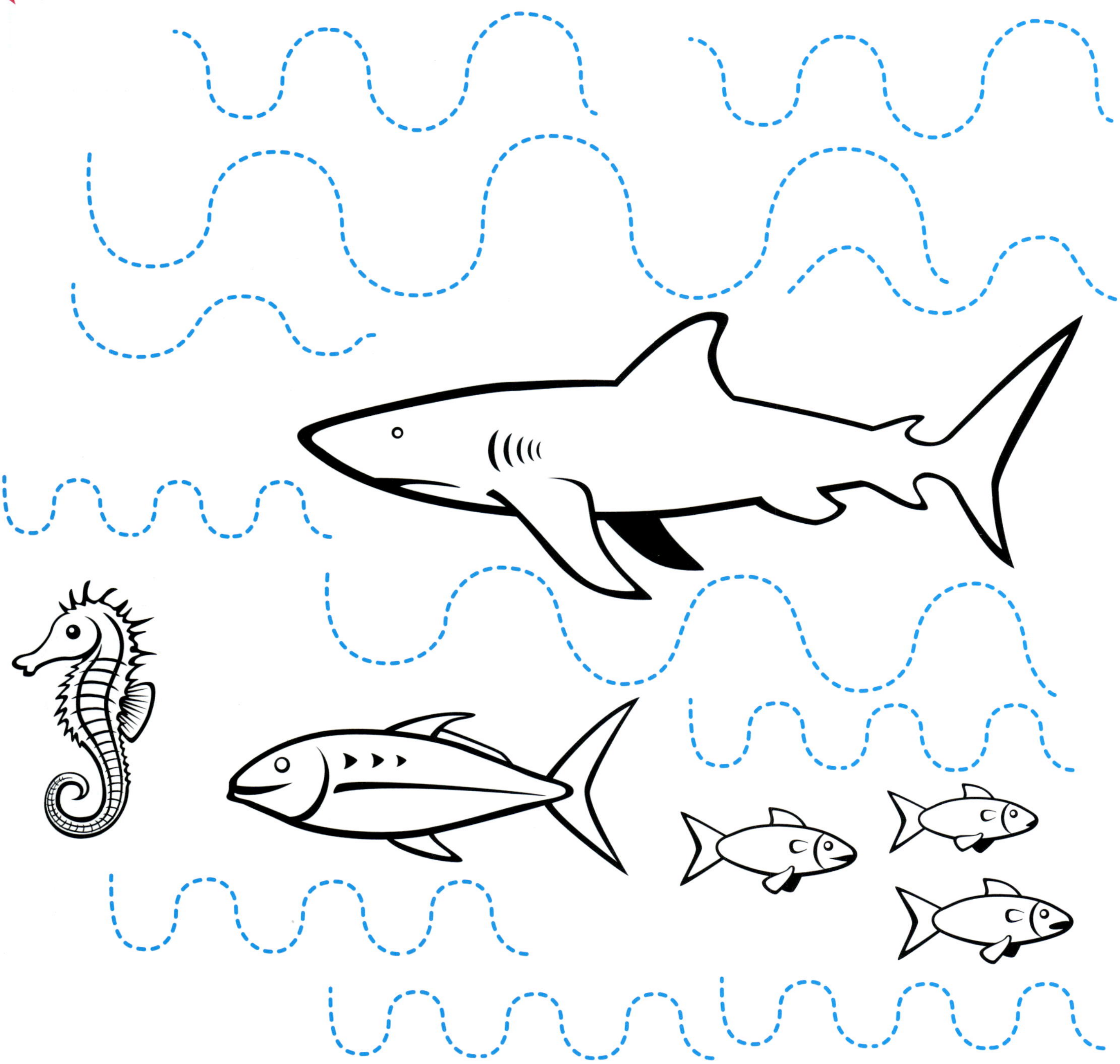

la mer

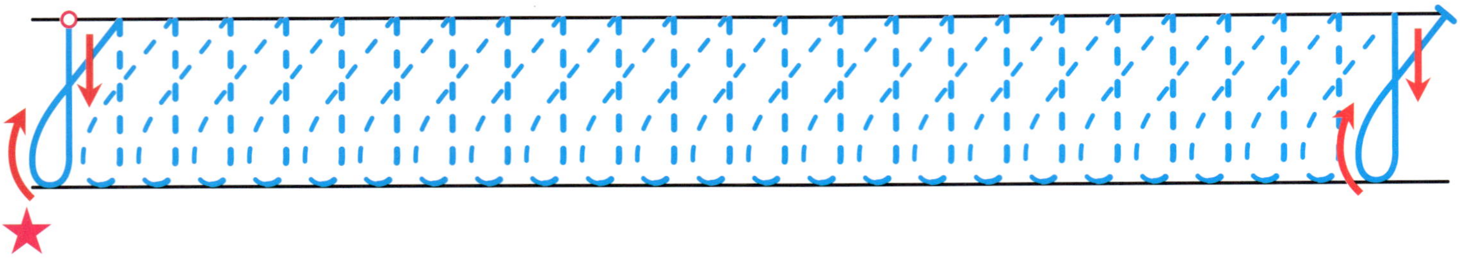

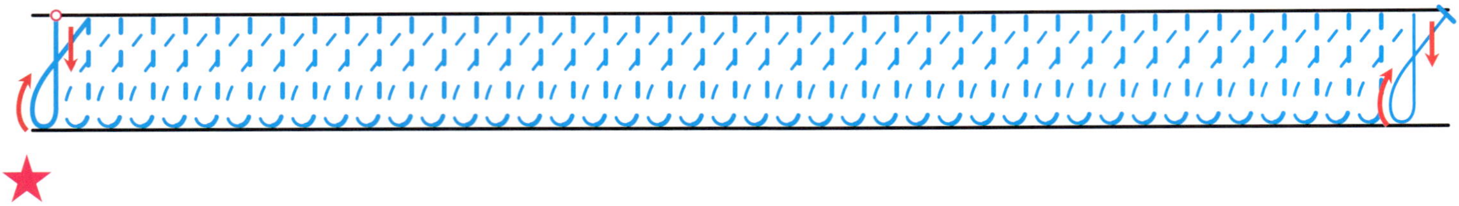

une princesse

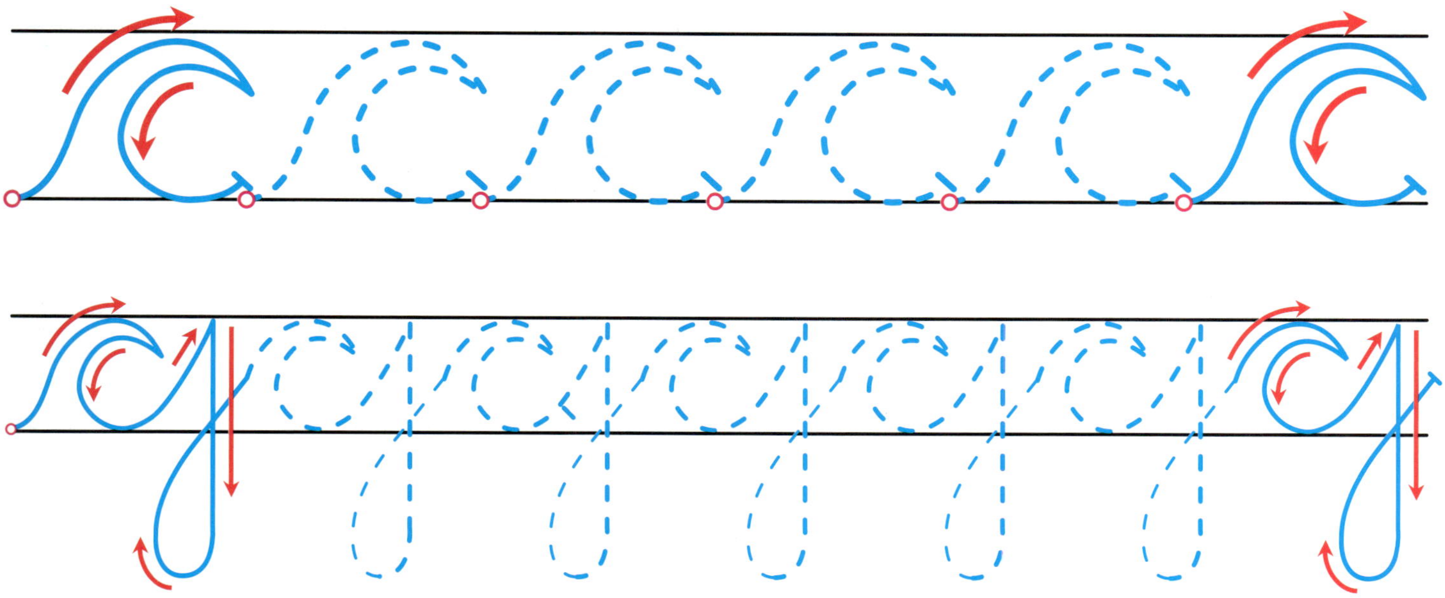

des papillons

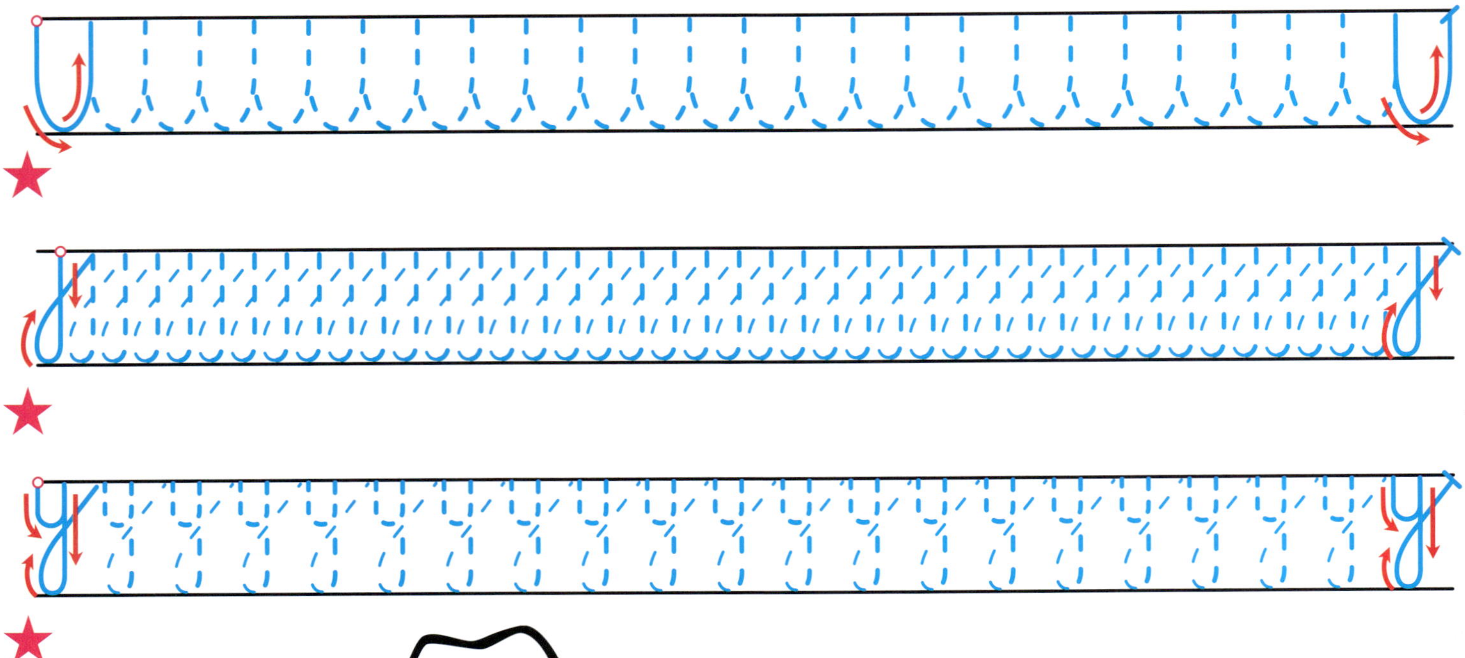

le jardinier

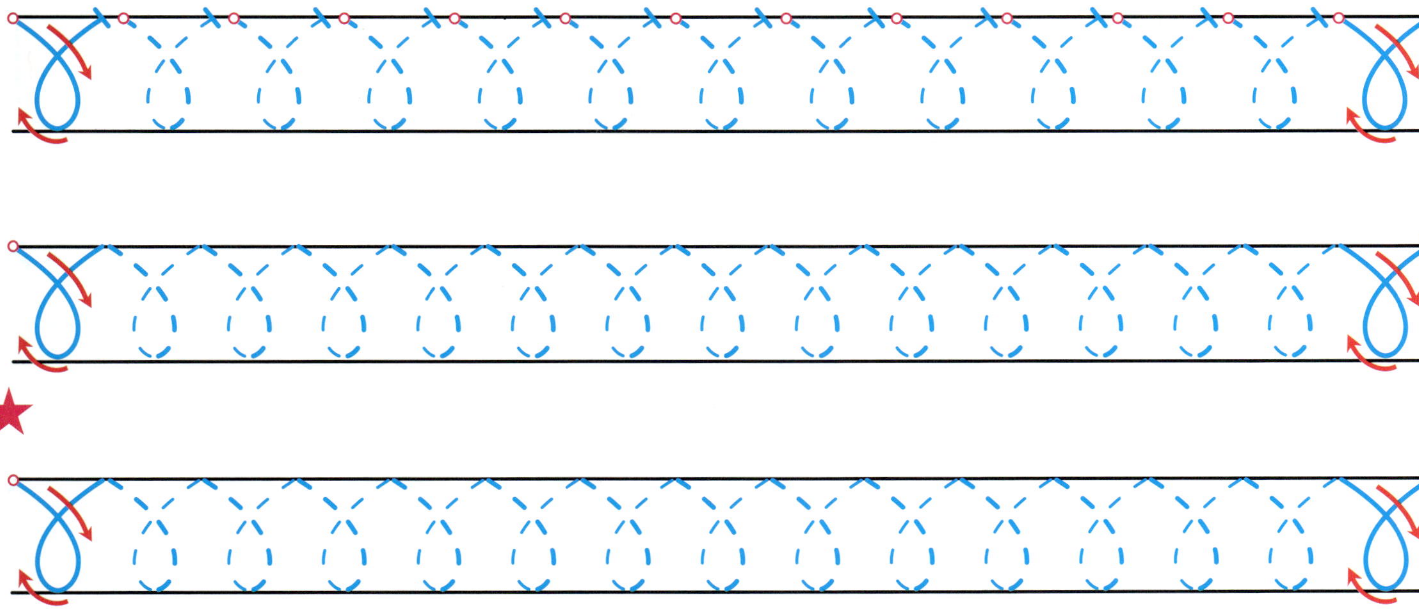

les indiens

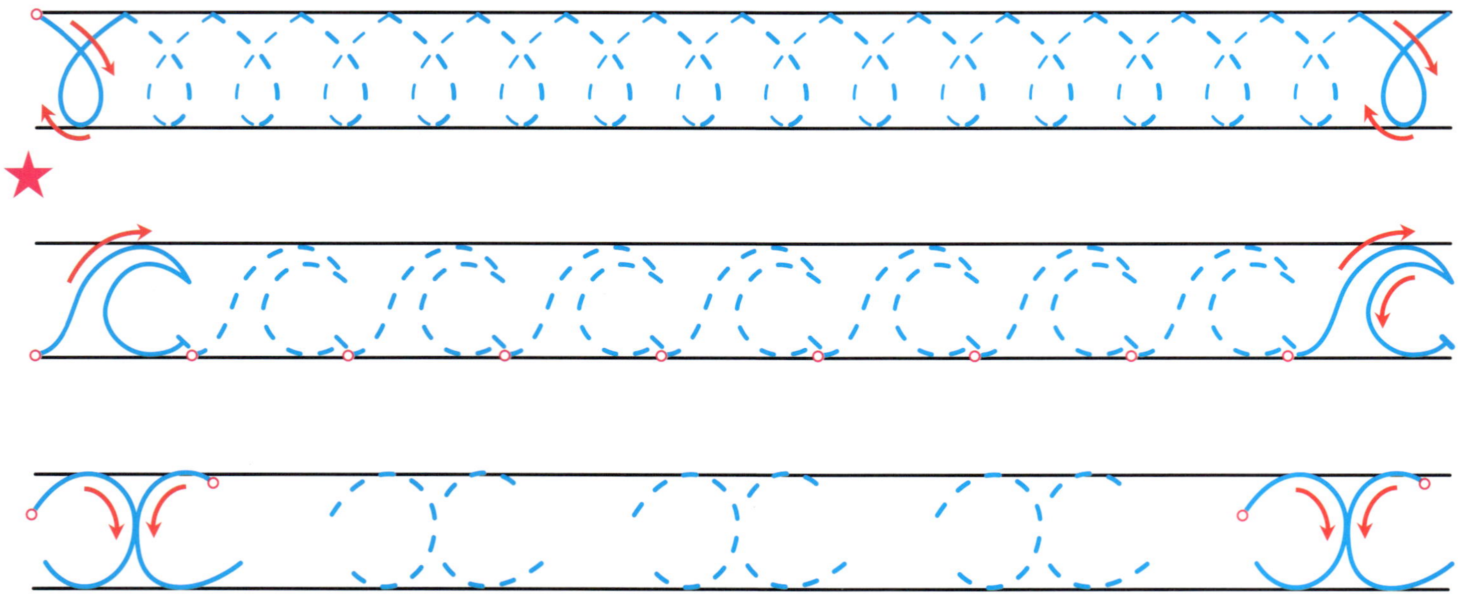

le cirque

Crée ta page !

la caverne d'Ali Baba

Retrace avec un pinceau ou un gros feutre de couleur claire à l'intérieur du modèle.

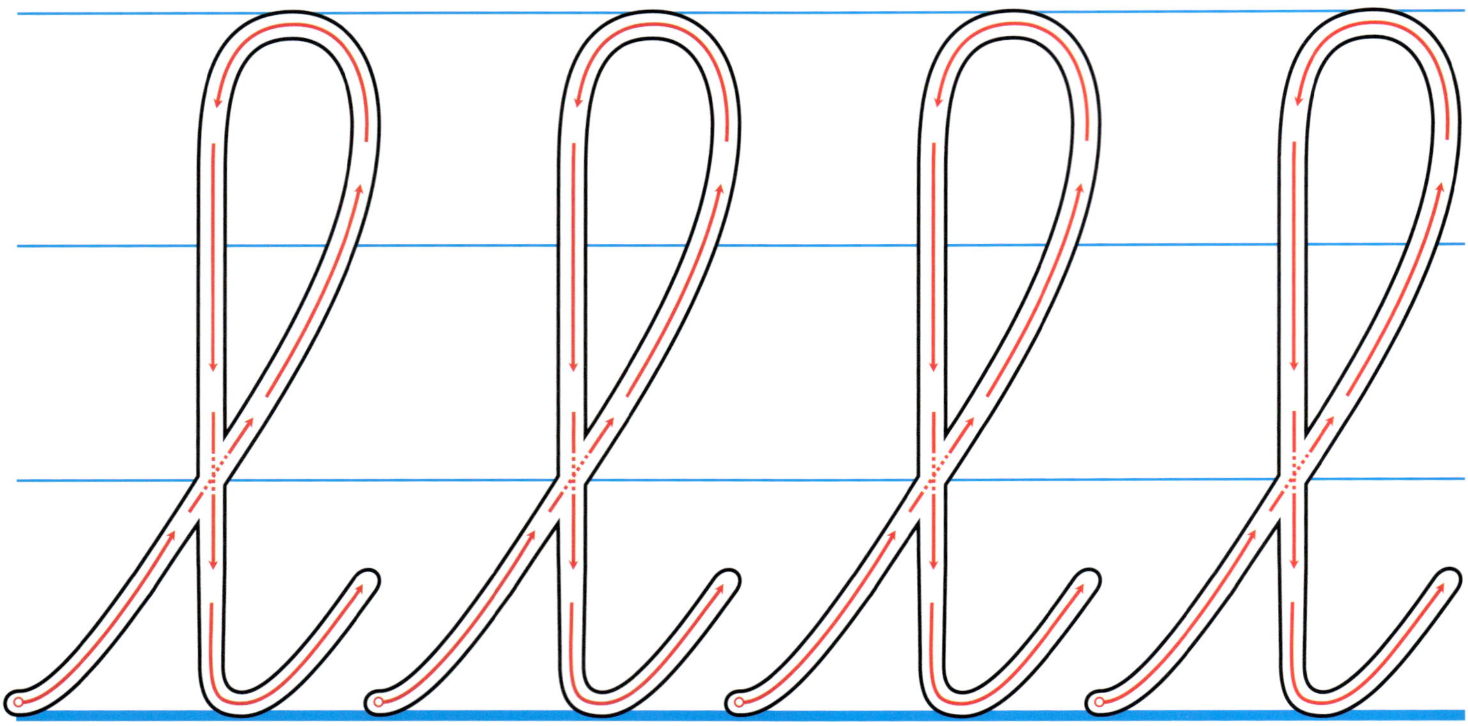

Retrace avec un feutre fin ou un crayon en suivant le modèle.

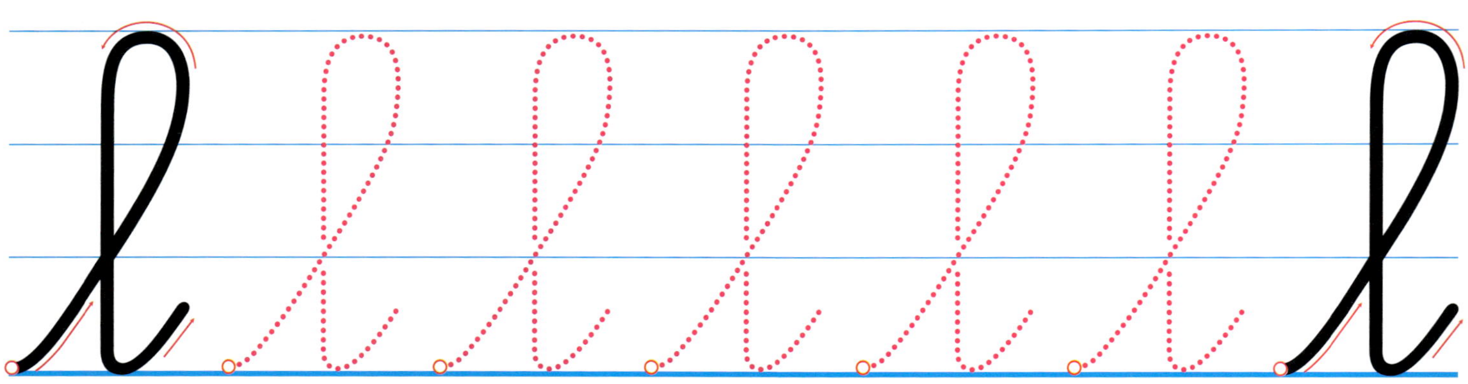

Reproduis le modèle avec un crayon.

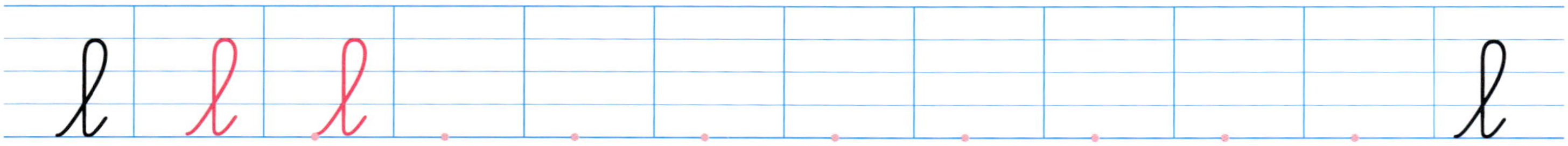

Reproduis le modèle avec un stylo.

Retrace avec un pinceau ou un gros feutre de couleur claire à l'intérieur du modèle.

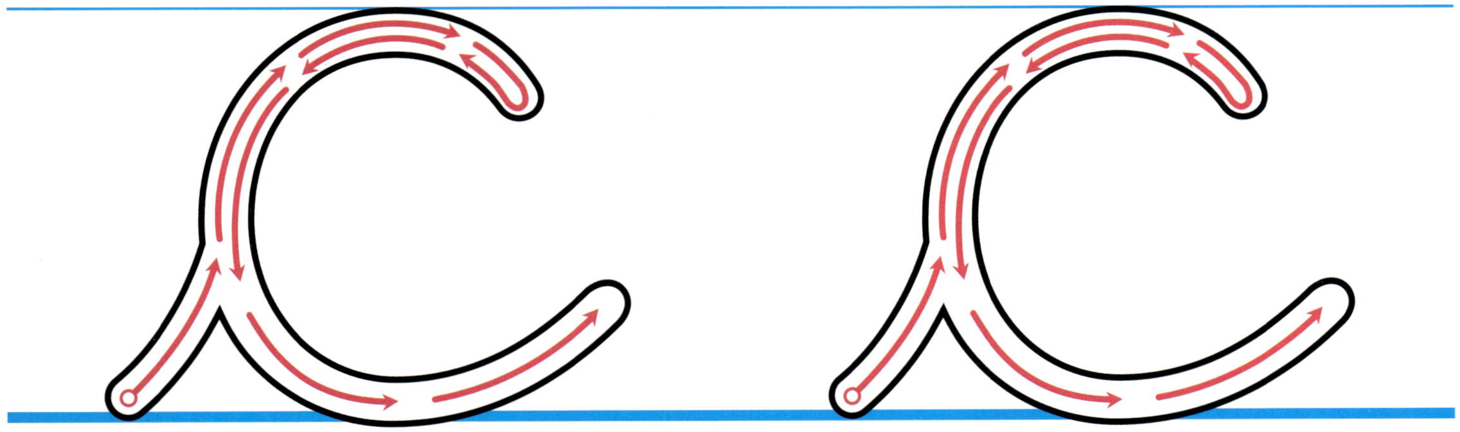

Retrace avec un feutre fin ou un crayon en suivant le modèle.

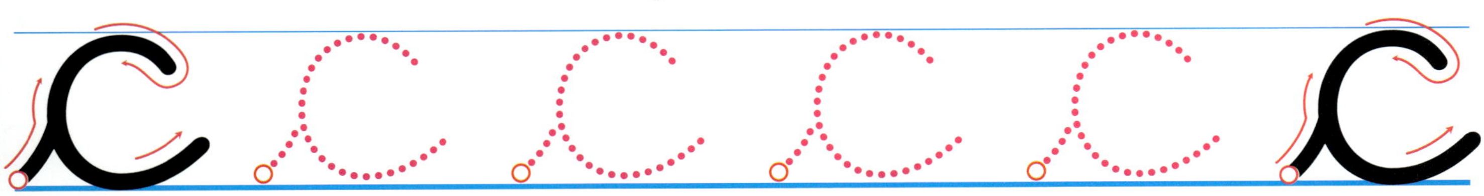

Reproduis le modèle avec un crayon.

c c c c

Reproduis le modèle avec un stylo.

c c c c

c c c c

lac 

Retrace avec un pinceau ou un gros feutre de couleur claire à l'intérieur du modèle.

a a

Retrace avec un feutre fin ou un crayon en suivant le modèle.

a a a a a a

Reproduis le modèle avec un crayon.

a a a a

Reproduis le modèle avec un stylo.

a a a a

lac lac lac lac

bac 

Retrace avec un pinceau ou un gros feutre de couleur claire à l'intérieur du modèle.

b b b

Retrace avec un feutre fin ou un crayon en suivant le modèle.

b b b b b b

Reproduis le modèle avec un crayon.

b b b b

Reproduis le modèle avec un stylo.

b b b b

bac bac bac bac

bol

Retrace avec un pinceau ou un gros feutre de couleur claire à l'intérieur du modèle.

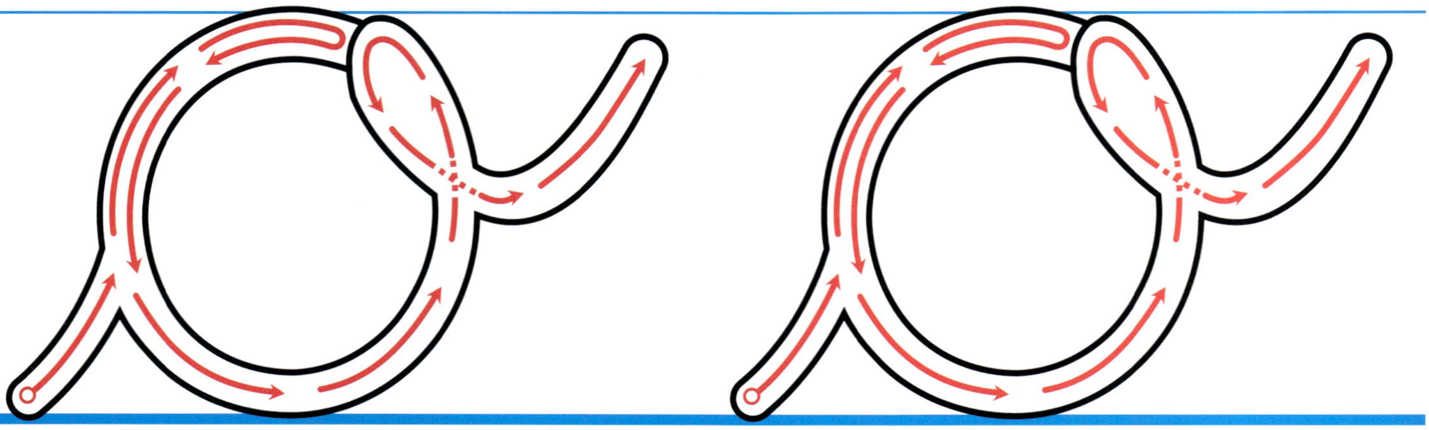

Retrace avec un feutre fin ou un crayon en suivant le modèle.

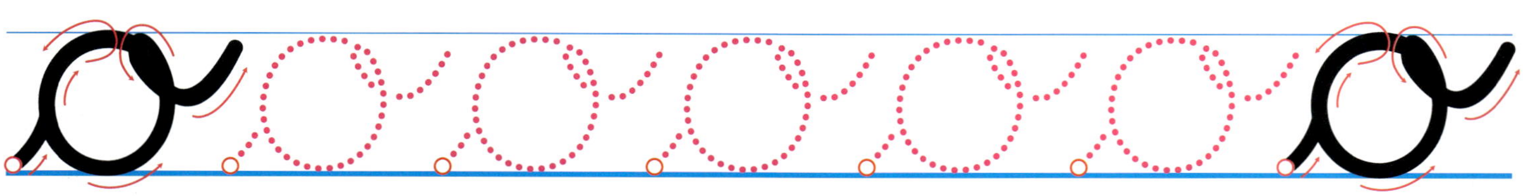

Reproduis le modèle avec un crayon.

o o o o

Reproduis le modèle avec un stylo.

o o o o

bol bol bol bol

clé

Retrace avec un pinceau ou un gros feutre de couleur claire à l'intérieur du modèle.

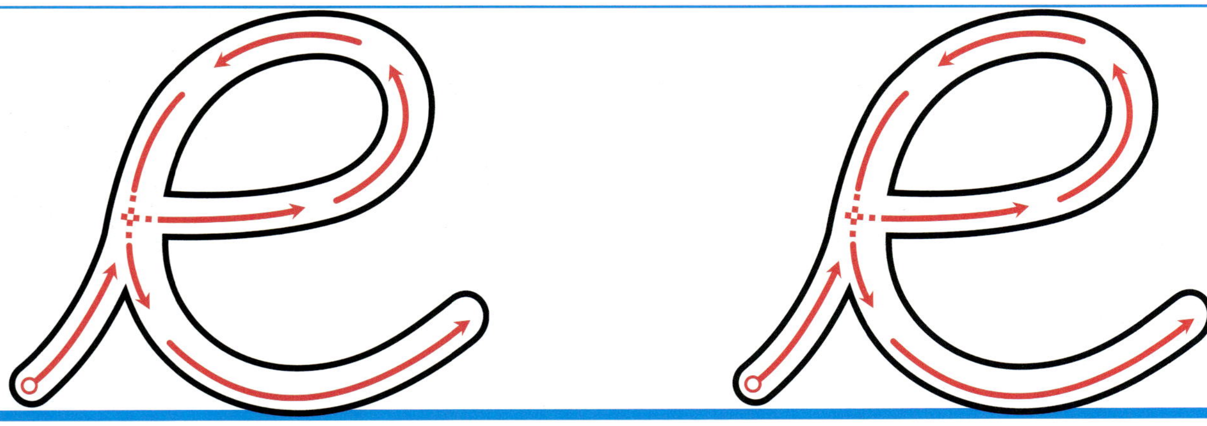

Retrace avec un feutre fin ou un crayon en suivant le modèle.

e e e e e e e e

Reproduis le modèle avec un crayon.

e e e e

Reproduis le modèle avec un stylo.

e e e e

clé clé clé clé

blé

Retrace avec un pinceau ou un gros feutre de couleur claire à l'intérieur du modèle.

bl bl

Retrace avec un feutre fin ou un crayon en suivant le modèle.

bl bl bl bl

Reproduis le modèle avec un crayon.

bl bl bl bl

Reproduis le modèle avec un stylo.

bl bl bl bl

blé blé blé blé

île

Retrace avec un pinceau ou un gros feutre de couleur claire à l'intérieur du modèle.

Retrace avec un feutre fin ou un crayon en suivant le modèle.

Reproduis le modèle avec un crayon.

i i i i

Reproduis le modèle avec un stylo.

i i i i

île île île île

pile

Retrace avec un pinceau ou un gros feutre de couleur claire à l'intérieur du modèle.

Retrace avec un feutre fin ou un crayon en suivant le modèle.

Reproduis le modèle avec un crayon.

Reproduis le modèle avec un stylo.

table

Retrace avec un pinceau ou un gros feutre de couleur claire à l'intérieur du modèle.

Retrace avec un feutre fin ou un crayon en suivant le modèle.

Reproduis le modèle avec un crayon.

Reproduis le modèle avec un stylo.

lire

Retrace avec un pinceau ou un gros feutre de couleur claire à l'intérieur du modèle.

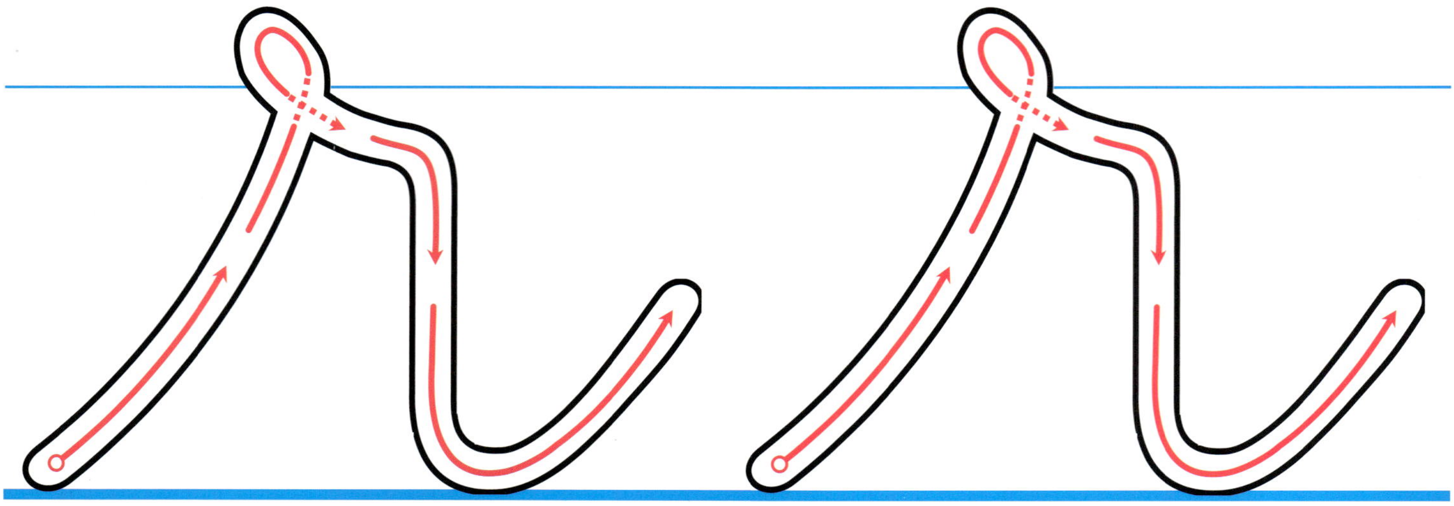

Retrace avec un feutre fin ou un crayon en suivant le modèle.

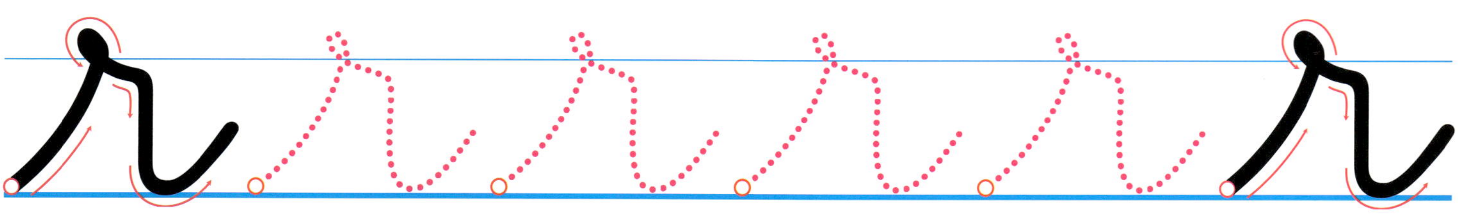

Reproduis le modèle avec un crayon.

r r r r

Reproduis le modèle avec un stylo.

r r r r

lire lire lire lire

cape

Retrace avec un pinceau ou un gros feutre de couleur claire à l'intérieur du modèle.

ca ca

Retrace avec un feutre fin ou un crayon en suivant le modèle.

ca ca ca

Reproduis le modèle avec un crayon.

ca ca ca ca

Reproduis le modèle avec un stylo.

ca ca ca ca

cape cape cape cape

roc

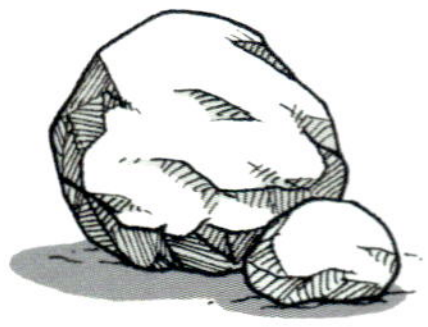

Retrace avec un pinceau ou un gros feutre de couleur claire à l'intérieur du modèle.

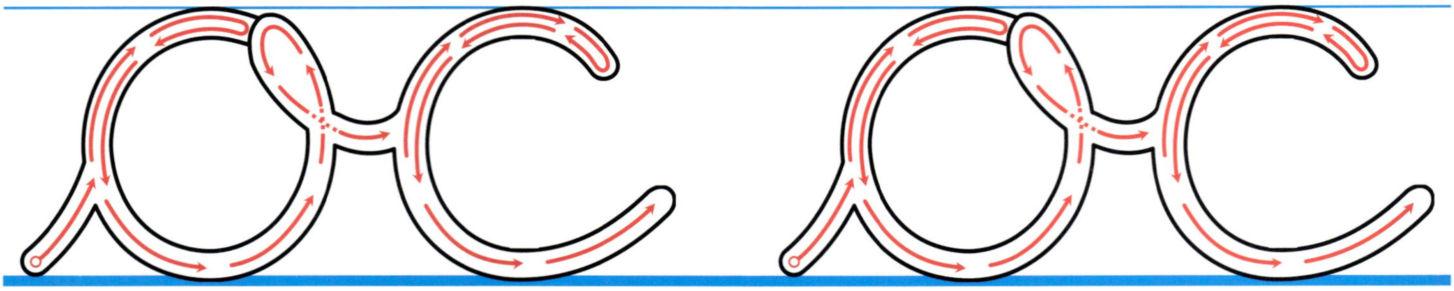

Retrace avec un feutre fin ou un crayon en suivant le modèle.

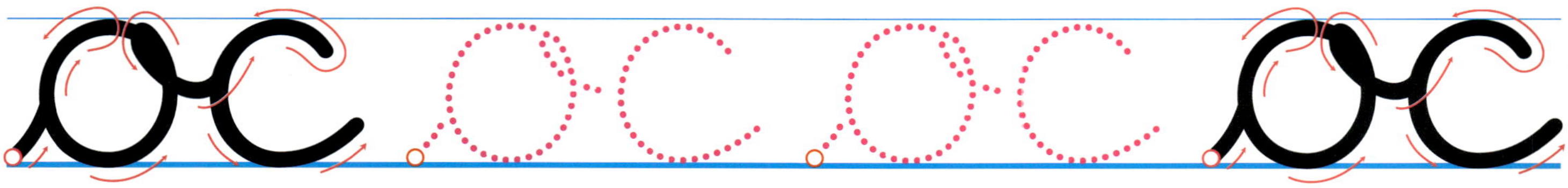

Reproduis le modèle avec un crayon.

oc oc oc oc

Reproduis le modèle avec un stylo.

oc oc oc oc

roc roc roc roc

dé 

Retrace avec un pinceau ou un gros feutre de couleur claire à l'intérieur du modèle.

d d

Retrace avec un feutre fin ou un crayon en suivant le modèle.

d d d d

Reproduis le modèle avec un crayon.

d d d d

Reproduis le modèle avec un stylo.

d d d d

dé dé dé dé

sac

Retrace avec un pinceau ou un gros feutre de couleur claire à l'intérieur du modèle.

Retrace avec un feutre fin ou un crayon en suivant le modèle.

Reproduis le modèle avec un crayon.

s s s s

Reproduis le modèle avec un stylo.

s s s s

sac sac sac sac

lune 

Retrace avec un pinceau ou un gros feutre de couleur claire à l'intérieur du modèle.

Retrace avec un feutre fin ou un crayon en suivant le modèle.

Reproduis le modèle avec un crayon.

n n n n

Reproduis le modèle avec un stylo.

n n n n

lune lune lune lune

tortue

Retrace avec un pinceau ou un gros feutre de couleur claire à l'intérieur du modèle.

or or

Retrace avec un feutre fin ou un crayon en suivant le modèle.

or or or or

Reproduis le modèle avec un crayon.

or or or or

Reproduis le modèle avec un stylo.

or or or or

tortue tortue tortue tortue

rame

Retrace avec un pinceau ou un gros feutre de couleur claire à l'intérieur du modèle.

m m

Retrace avec un feutre fin ou un crayon en suivant le modèle.

m m m m

Reproduis le modèle avec un crayon.

m m m m

Reproduis le modèle avec un stylo.

m m m m

rame rame rame rame

hache 

Retrace avec un pinceau ou un gros feutre de couleur claire à l'intérieur du modèle.

h h

Retrace avec un feutre fin ou un crayon en suivant le modèle.

h h h h h

Reproduis le modèle avec un crayon.

h h h h

Reproduis le modèle avec un stylo.

h h h h

hache hache hache hache

képi

Retrace avec un pinceau ou un gros feutre de couleur claire à l'intérieur du modèle.

k k

Retrace avec un feutre fin ou un crayon en suivant le modèle.

k k k k k

Reproduis le modèle avec un crayon.

k k k k

Reproduis le modèle avec un stylo.

k k k k

képi képi képi képi

fée 

Retrace avec un pinceau ou un gros feutre de couleur claire à l'intérieur du modèle.

f f f f f

Retrace avec un feutre fin ou un crayon en suivant le modèle.

f f f f f f f f f f f

Reproduis le modèle avec un crayon.

f f f f

Reproduis le modèle avec un stylo.

f f f f

fée fée fée fée

jupe 

Retrace avec un pinceau ou un gros feutre de couleur claire à l'intérieur du modèle.

j j j j

Retrace avec un feutre fin ou un crayon en suivant le modèle.

j j j j j j j j

Reproduis le modèle avec un crayon.

j j j j

Reproduis le modèle avec un stylo.

j j j j

jupe jupe jupe jupe

grue

Retrace avec un pinceau ou un gros feutre de couleur claire à l'intérieur du modèle.

g g g

Retrace avec un feutre fin ou un crayon en suivant le modèle.

g g g g g g

Reproduis le modèle avec un crayon.

g g g g

Reproduis le modèle avec un stylo.

g g g g

grue grue grue grue

yoyo

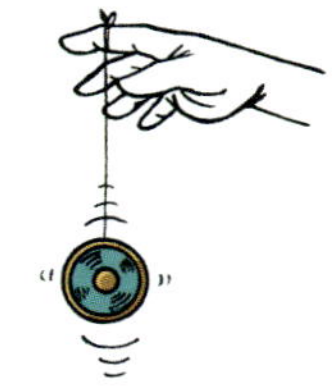

Retrace avec un pinceau ou un gros feutre de couleur claire à l'intérieur du modèle.

y y y

Retrace avec un feutre fin ou un crayon en suivant le modèle.

y y y y y y

Reproduis le modèle avec un crayon.

y y y y

Reproduis le modèle avec un stylo.

y y y y

yoyo yoyo yoyo yoyo

zèbre

Retrace avec un pinceau ou un gros feutre de couleur claire à l'intérieur du modèle.

z z z z

Retrace avec un feutre fin ou un crayon en suivant le modèle.

z z z z z z z z

Reproduis le modèle avec un crayon.

z z z z

Reproduis le modèle avec un stylo.

z z z z

zèbre zèbre zèbre zèbre

quatre 4

Retrace avec un pinceau ou un gros feutre de couleur claire à l'intérieur du modèle.

Retrace avec un feutre fin ou un crayon en suivant le modèle.

Reproduis le modèle avec un crayon.

q q q q

Reproduis le modèle avec un stylo.

q q q q

quatre quatre quatre quatre

six 6

Retrace avec un pinceau ou un gros feutre de couleur claire à l'intérieur du modèle.

x x

Retrace avec un feutre fin ou un crayon en suivant le modèle.

x x x x

Reproduis le modèle avec un crayon.

x x x x

Reproduis le modèle avec un stylo.

x x x x

six six six six

ville

Retrace avec un pinceau ou un gros feutre de couleur claire à l'intérieur du modèle.

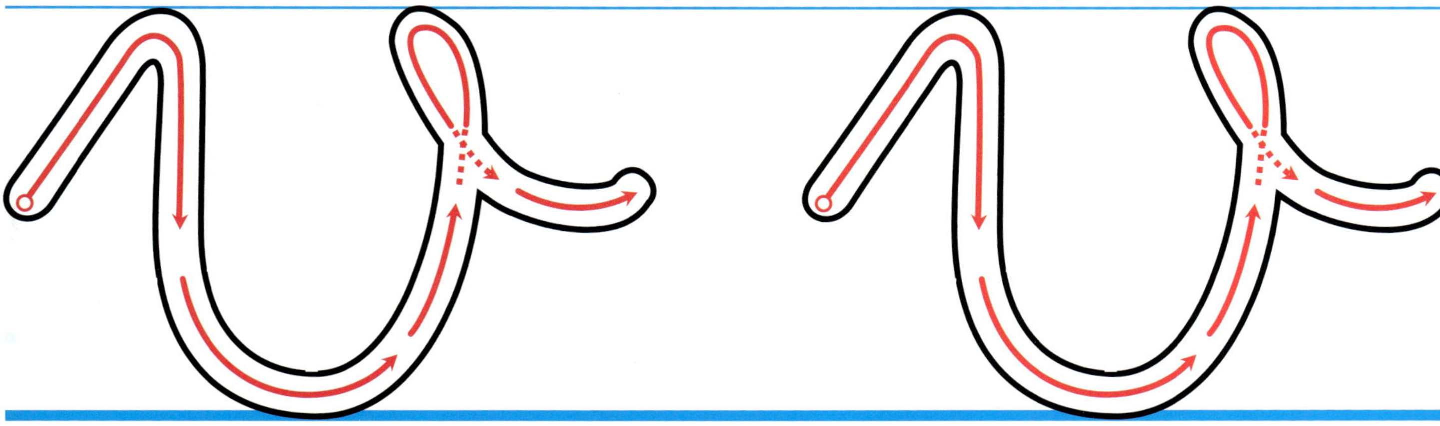

Retrace avec un feutre fin ou un crayon en suivant le modèle.

v v

Reproduis le modèle avec un crayon.

v v v v

Reproduis le modèle avec un stylo.

v v v v

ville ville ville ville

ver

Retrace avec un pinceau ou un gros feutre de couleur claire à l'intérieur du modèle.

ve ve

Retrace avec un feutre fin ou un crayon en suivant le modèle.

ve ve ve ve

Reproduis le modèle avec un crayon.

ve ve ve ve

Reproduis le modèle avec un stylo.

ve ve ve ve

ver ver ver ver

kiwi

Retrace avec un pinceau ou un gros feutre de couleur claire à l'intérieur du modèle.

w w

Retrace avec un feutre fin ou un crayon en suivant le modèle.

w w w w

Reproduis le modèle avec un crayon.

w w w w

Reproduis le modèle avec un stylo.

w w w w

kiwi kiwi kiwi kiwi

DES OUTILS COMPLÉMENTAIRES POUR L'APPRENTISSAGE DE L'ÉCRIT

200 pages + CD-Rom
50 €

80 pages
35 €

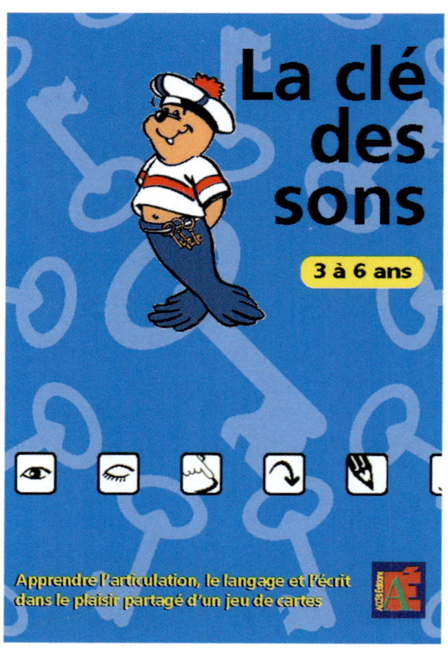

Coffret
69 €

Coffret
69 €

ACCÈS Éditions

13 rue du Château d'Angleterre
67300 Schiltigheim
Tél. 03 88 79 97 67
Fax 03 88 79 09 85
www.acces-editions.com

DES PRATIQUES DE MAÎTRES